MW01715541

La voie martienne

J'AI LU

ISAAC ASIMOV | *ŒUVRES*

FONDATION	
SECONDE FONDATION	
FONDATION ET EMPIRE	
FONDATION FOUDROYÉE	
LES CAVERNES D'ACIER	*J'ai lu* 404***
FACE AUX FEUX DU SOLEIL	*J'ai lu* 468**
LES ROBOTS	*J'ai lu* 453***
UN DÉFILÉ DE ROBOTS	*J'ai lu* 542***
LES COURANTS DE L'ESPACE	
UNE BOUFFÉE DE MORT	
CAILLOUX DANS LE CIEL	*J'ai lu* 552***
LA FIN DE L'ÉTERNITÉ	
HISTOIRES MYSTÉRIEUSES	
QUAND LES TÉNÈBRES VIENDRONT	
L'AMOUR, VOUS CONNAISSEZ?	
LES DIEUX EUX-MÊMES	
LA MÈRE DES MONDES	
CHRONO-MINETS	
NOËL SUR GANYMÈDE	
DANGEREUSES CALLISTO	
TYRANN	*J'ai lu* 484***
LA VOIE MARTIENNE	*J'ai lu* 870***
L'AVENIR COMMENCE DEMAIN	
JUSQU'À LA QUATRIÈME GÉNÉRATION	
CHER JUPITER	
CIVILISATIONS EXTRATERRESTRES	
LA CONQUÊTE DU SAVOIR	
FLÛTE, FLÛTE, ET FLÛTES	
L'HOMME BICENTENAIRE	
MUTATIONS	
NIGHT FALL (3 vol.)	
TROUS NOIRS	
LES ROBOTS DE L'AUBE - 1	*J'ai lu* 1602***
LES ROBOTS DE L'AUBE - 2	*J'ai lu* 1603***
LE VOYAGE FANTASTIQUE	*J'ai lu* 1635***
LES ROBOTS ET L'EMPIRE - 1	*J'ai lu* 1996****
LES ROBOTS ET L'EMPIRE - 2	*J'ai lu* 1997****
L'UNIVERS DE LA SCIENCE	
ESPACE VITAL	*J'ai lu* 2055***
ASIMOV PARALLÈLE	*J'ai lu* 2277****

ISAAC ASIMOV

La voie martienne

TRADUIT DE L'AMÉRICAIN
PAR IAWA TATE

ÉDITIONS J'AI LU

Ce livre a paru sous le titre original :

THE MARTIAN WAY AND OTHER STORIES

LA VOIE MARTIENNE

Depuis le seuil du petit couloir qui reliait les deux uniques cabines situées à l'avant du vaisseau, Mario Esteban Rioz observait d'un œil excédé Ted Long qui s'appliquait à mettre au point la vidéo. Long tourna le cadran dans le sens des aiguilles d'une montre, puis dans l'autre sens. L'image était toujours aussi mauvaise.

Elle le resterait, Rioz le savait bien. Ils étaient trop éloignés de la Terre et mal placés par rapport au Soleil. Mais on ne pouvait pas demander à Long d'être au courant. Rioz s'attarda sur le seuil, la tête inclinée pour éviter le linteau, le corps de biais, coincé dans l'étroite ouverture. Puis, tel un bouchon jaillissant d'une bouteille, il se propulsa dans la cuisine.

— Vous cherchez quoi, au juste ?

— Hilder. J'essaie de l'avoir.

Rioz se cala le postérieur sur le coin d'une tablette et prit le berlingot de lait posé sur l'étagère supérieure. Sous la pression de ses doigts, la pointe se souleva. Doucement, il le fit tournoyer en attendant qu'il tiédisse.

— Pourquoi ? (Il décapita le cône et aspira à grand bruit.)

— J'ai envie de l'écouter.

— Quel gaspillage d'énergie !

Long leva la tête, sourcils froncés.

— Cette vidéo est à moi et je pense avoir le droit de m'en servir. D'ailleurs, c'est l'usage, pendant les heures de repos.

— Pas sans raison, riposta Rioz.

Ils échangèrent un regard menaçant. Rioz avait la silhouette élancée, le visage osseux des Récupérateurs martiens, ces Volants qui sillonnaient inlassablement les routes de l'espace entre Mars et la Terre. Ses yeux, d'un bleu très clair, contrastaient avec sa peau sombre, burinée, qui ressortait plus noire encore sur la blancheur de la fourrure synthétique garnissant le col relevé de son blouson de vol en simili-cuir.

Plus pâle que son compagnon, Long semblait aussi plus débonnaire. On discernait chez lui certains traits caractéristiques des Rampants et cependant aucun Martien, fût-il de la seconde génération, ne pouvait être considéré comme un Rampant au sens où l'étaient les Terriens. Il portait son col rabattu en arrière, dégageant le casque brun de ses cheveux.

— Qu'appelez-vous une bonne raison ? demanda-t-il.

Rioz pinça ses lèvres minces.

— Etant donné que nous ne couvrirons même pas les frais du voyage, si ça continue comme ça, toute dépense d'énergie représente un gaspillage.

— Puisque nous perdons de l'argent, répliqua Long sur le même ton, ne pensez-vous pas que vous feriez mieux de retourner à votre poste d'observation. Vous êtes de quart, mon vieux, ne l'oubliez pas.

Rioz grommela quelque chose et se passa le pouce et l'index sur son menton hérissé de poils. Il se leva ;

d'une démarche pesante, il se traîna jusqu'à la porte, le bruit de ses pas amorti par ses lourdes bottes à semelles élastiques. Parvenu à hauteur du thermostat, il s'arrêta pour y jeter un coup d'œil.

— Je me disais aussi qu'il faisait diablement chaud. Où vous croyez-vous ?

— Douze degrés, ça n'a rien d'excessif.

— Pour vous, peut-être. Nous ne sommes pas dans un des bureaux climatisés des mines de fer. (D'un coup de pouce, il régla le thermostat au minimum.) Le soleil chauffe bien assez.

— Peut-être, mais la cuisine n'est pas orientée du bon côté.

— La chaleur s'infiltrera, bon sang.

Après son départ, Long demeura longtemps les yeux rivés sur la porte avant de ramener toute son attention sur la vidéo. Il ne fit pas un geste en direction du thermostat.

L'image vacillait toujours, mais il devrait s'en contenter. Long rabattit un des sièges qui tapissaient le mur. Penché en avant, il laissa s'écouler l'annonce habituelle, puis le bref temps mort qui précédait la lente dissolution du rideau : le spot s'arrêtait sur le visage barbu, désormais familier, et celui-ci grandissait, grandissait, jusqu'à remplir tout l'écran.

Impressionnante, malgré les grésillements et les chuintements dus aux tempêtes électroniques d'un gouffre de près de trente millions de kilomètres, la voix commença :

« Amis et compagnons de la Terre... »

★

Au moment précis où il pénétrait dans la cabine de pilotage, Rioz perçut le flash du signal radio.

L'espace d'un instant, croyant que le radar avait repéré quelque chose, il sentit ses mains devenir moites. C'était seulement l'effet de sa mauvaise conscience. En principe, il n'aurait pas dû quitter son poste pendant qu'il était de quart, mais quel Récupérateur ne le faisait pas ? Et cependant, un même cauchemar les hantait : la proie qui se présente pendant la pause de cinq minutes que l'on s'accorde pour aller avaler un café sur le pouce, persuadé qu'il n'y a rien, absolument rien en vue. A plusieurs reprises, le cauchemar était devenu réalité.

Rioz actionna le multi-viseur. C'était peut-être une dépense superflue, mais autant avoir une certitude, pendant qu'il y était. L'espace était clair, à l'exception des échos lointains, provenant des autres vaisseaux de récupération.

Il brancha le circuit radio. Un visage blond au nez trop long apparut sur l'écran : c'était Richard Swenson, copilote du vaisseau qui les précédait sur le chemin du retour.

— Salut Mario ! lança Swenson.

— Salut. Quoi de neuf ?

Une seconde et demie s'écoula avant que ne lui parvienne la réponse de Swenson : il y a des limites à la vitesse des ondes électromagnétiques.

— Quelle journée, tu ne peux pas savoir.

— Qu'est-il arrivé ?

— Une touche, mon vieux.

— Veinard.

— Et comment, si j'avais pu l'accrocher, répliqua Swenson, morose.

— Que s'est-il passé ?

— J'ai foncé dans la mauvaise direction, voilà ce qui s'est passé !

Rioz se garda bien de ricaner.

— Comment ça se fait ? demanda-t-il.

— Oh, ce n'est pas de ma faute. Par malheur, l'enveloppe filait hors de l'écliptique. Faut-il qu'un pilote soit taré pour ne pas savoir effectuer correctement la manœuvre d'approche ! Je ne pouvais pas le deviner, tout de même. Après avoir évalué sa distance, je me laissai aller vers elle, certain que son orbite était dans la trajectoire habituelle. C'est ce que tu aurais fait, non ? Je suivis ce que je croyais être une bonne ligne d'intersection et au bout de cinq minutes, pas moins, je me suis rendu compte qu'au lieu de diminuer, la distance augmentait. Les bip-bip du radar prenaient tout leur temps pour revenir. Alors j'ai relevé les projections angulaires du machin, mais il était trop tard pour le rattraper.

— Quelqu'un d'autre l'a eu ?

— Personne. Il a fichu le camp hors de l'écliptique et continuera jusqu'à la fin des temps. Mais ça, je m'en remettrai. Ce n'était jamais qu'une enveloppe intérieure. Par contre, si je te disais combien de tonnes de carburant j'ai gaspillées en mettant toute la gomme pour prendre position ! Tu aurais dû entendre Canute !

Canute, c'était le frère de Swenson et son associé.

— Furibond ?

— Furibond ? J'ai cru qu'il allait m'assommer ! Faut dire qu'on est là-haut depuis cinq mois et que ça commence à se sentir. Tu vois ce que je veux dire ?

— Je vois, oui.

— Et toi, Mario, ça va ?

— Pas plus que ça, fit Rioz avec une moue écœurée. Deux enveloppes en quinze jours et encore, chacune m'a demandé six heures d'effort.

— Gros calibre ?

— Penses-tu ! J'aurais pu les apporter sur Phobos

de mes propres mains. C'est bien ma plus mauvaise expédition !

— Tu comptes rester encore longtemps ?

— Si ça ne tenait qu'à moi, on rentrerait demain. On est là-haut que depuis deux mois, mais avec Long, on n'arrête pas de se bouffer le nez.

Le silence se prolongea plus longtemps que ne l'exigeait le décalage électromagnétique.

— Ce Long... quel genre d'homme est-ce ? demanda enfin Swenson.

Rioz jeta un coup d'œil par-dessus son épaule. Couvrant la friture, un murmure lui parvenait de la cuisine.

— Je n'arrive pas à le cerner. Une semaine environ après le départ, il m'a demandé tout à trac : « Mario, pourquoi êtes-vous Récupérateur ? » Je l'ai bien regardé. « Pour gagner ma croûte ! je lui ai dit. Qu'est-ce que vous croyez ? » Tu parles d'une question ! Enfin, pourquoi est-ce qu'on voudrait être Récupérateur ? Alors il a répliqué : « Non, Mario. » (Il le sait mieux que moi, tu vois.) « Vous êtes Récupérateur parce que cela fait partie de la condition martienne. »

— Que voulait-il dire ?

Rioz haussa les épaules.

— Je lui ai pas demandé. En ce moment, il est à côté. Il écoute la radio terrestre. Un Rampant. Un certain Hilder, je crois.

— Hilder ? Un politicard, sénateur ou je ne sais quoi, c'est ça ?

— Ouais. Enfin, il me semble. Long n'arrête pas de faire des trucs de ce genre. Il a emporté des kilos de bouquins, tous relatifs à la Terre. Un sacré poids mort, c'est moi qui te le dis.

— C'est ton associé, mon vieux. En parlant d'associé, je ferais bien d'y retourner. Si je loupe un autre coup, autant dire que je suis mort.

L'écran était vide, et Rioz se renversa contre son dossier, l'œil fixé sur la ligne verte et égale de l'échoradar. Il essaya le multi-viseur. Rien.

Il se sentait un peu ragaillardi. La poisse, c'est encore pire quand les copains accrochent enveloppe après enveloppe et que pas un seul des trophées qui descendent en spirale jusqu'aux forges de Phobos ne porte votre marque. Il finit même par oublier en partie son ressentiment contre Long.

C'était une erreur que d'avoir fait équipe avec ce gars-là. C'était toujours une erreur de faire équipe avec un bleu. Ils s'imaginaient tous que vous aviez envie de parler, et Long plus que tout autre qui brûlait d'envie d'exposer ses éternelles théories sur Mars et le rôle décisif que tiendrait la planète dans le progrès de l'humanité. Il en avait plein la bouche — le Progrès de l'Humanité, la Voie Martienne, la Nouvelle Minorité Créatrice... Rioz, lui, s'en fichait pas mal. Il voulait non des paroles, mais des actes : un bon coup de filet qui ramènerait quelques coquilles bien à eux.

Mais avait-il le choix ? Sur Mars, Long avait une solide réputation. Il gagnait confortablement sa vie comme ingénieur des mines. Ami du commissaire Sankov, il avait déjà participé à une ou deux missions de courte durée avant celle-ci. Même si sa candidature vous paraît bizarre, on ne peut pas refuser à un type de faire ses preuves. Tout de même, pourquoi un ingénieur des mines avec un job peinard et bien payé aurait-il envie d'aller traîner ses guêtres dans l'espace ?

Jamais Rioz n'avait questionné Long à ce sujet.

Quand on bosse ensemble dans ces conditions, la promiscuité est trop contraignante pour qu'on ait envie de se montrer curieux et souvent, il vaut mieux s'abstenir de poser des questions personnelles. Mais Long était si bavard qu'il avait fourni de lui-même la réponse.

— Il fallait que je vienne, Mario. L'avenir de Mars n'est pas dans les mines, mais dans l'espace.

Rioz se demandait parfois à quoi ça ressemblerait de travailler en solo. On disait que c'était impossible. Même sans tenir compte des occasions perdues, quand le pilote devait quitter son poste pour aller dormir, par exemple, il tombait sous le sens qu'un homme seul dans l'espace ne tarderait pas à broyer du noir. Avec un coéquipier, on pouvait rester là-haut pendant six mois. L'idéal, c'eût été un équipage permanent, mais sur le plan financier, aucun Récupérateur n'y aurait trouvé son compte. Rien que pour la propulsion, un vaisseau de grande taille aurait bouffé toute la recette !

Même à deux, ce n'était pas une partie de plaisir. En règle générale, vous changiez de coéquipier à chaque nouvelle mission et celles-ci pouvaient être plus ou moins longues. Prenez Richard et Canute Swenson. Tous les cinq ou six voyages, sous prétexte qu'ils étaient frères, ces deux-là embarquaient ensemble. Pourtant, au bout d'une semaine, ils recommençaient à se chamailler.

Décidément, l'espace était vide et bien vide. L'envie prit soudain Rioz d'aller rejoindre Long dans la cuisine et de se réconcilier avec lui. Il allait lui montrer qu'un vieux bourlingueur savait passer l'éponge sur les inévitables frictions dues à la solitude dans l'espace.

Il se leva. En trois enjambées, il atteignit l'étroit couloir qui reliait les deux cabines.

★

A nouveau, il resta planté sur le seuil, aux aguets. Fasciné, Long gardait les yeux fixés sur l'image frémissante.

— J'augmente le thermostat, commença Long sur un ton bourru.

— Ça peut aller, on ne manque pas d'énergie.

— Comme vous voudrez, fit Long avec un hochement de tête.

Rioz fit un pas en avant, hésitant. L'espace restait vide, alors au diable la vaine surveillance d'une ligne verdâtre et inerte.

— De quoi parle-t-il, ce Rampant ? demanda-t-il.

— De la conquête de l'espace, surtout. Un vieux sujet, peut-être, mais c'est passionnant. Il déballe tout, dessins, effets spéciaux, extraits de films, enfin, tout.

Comme pour illustrer les paroles de Long, le visage barbu s'estompa, cédant la place à une vue en coupe d'un vaisseau spatial. La voix off poursuivait son exposé, soulignant les caractéristiques intéressantes qui apparaissaient en couleur sur le croquis, au fur et à mesure qu'elles étaient citées. Le système de communication se colora en rouge, puis la soute, les piles à protons, les circuits cybernétiques...

Le visage réapparut sur l'écran : « Mais il ne s'agit là que de la structure du vaisseau. Comment se meut-il ? Comment s'arrache-t-il à la Terre ? »

Tout le monde connaissait le fonctionnement d'un vaisseau spatial, mais la voix de Hilder se buvait comme du petit-lait. A l'entendre, la propulsion spatiale était le plus grand secret de tous les temps, l'ultime révélation. Même Rioz, qui avait passé le plus clair de sa vie à bord d'un vaisseau, se surprit à tendre l'oreille.

« Les savants donnent au mode de propulsion des noms différents, reprit la voix. Loi de l'Action et de la Réaction, disent les uns ; d'autres parlent de la Troisième Loi de Newton ; d'autres encore de la Conservation de l'Impulsion. Pour notre part, nous ne lui donnerons aucun nom. Il nous suffira de faire appel à notre bon sens. Quand nous nageons, nous rejetons l'eau en arrière afin de nous propulser en avant. Quand nous marchons, nous prenons appui sur le sol. Quand nous volons par giration, nous refoulons l'air afin de progresser. Pour qu'une chose avance, il faut qu'une autre chose la pousse. C'est le vieux principe. On n'a rien sans rien.

» A présent, imaginez un vaisseau spatial de cent mille tonnes voulant quitter la Terre. Afin de l'aider, quelque chose devra être rejeté vers le bas. Plus le vaisseau est lourd, plus il aura besoin de carburant pour décoller. En quantité telle qu'il n'y a pas assez de place pour le loger à bord du vaisseau et qu'on doit lui ajouter à l'arrière un réservoir spécial. »

A nouveau, le vaisseau en coupe apparut sur l'écran, mais à une échelle plus réduite. Un cône tronqué vint se fixer à sa base sur lequel s'inscrivit en lettres d'un jaune agressif : CARBURANT A REJETER.

« Mais voilà que le vaisseau s'est alourdi, reprit Hilder et par conséquent, il lui faudra davantage de carburant. »

L'échelle se réduisit encore et une seconde coquille,

énorme, vint s'ajouter à la première, puis une troisième, encore plus grande. Bientôt, le vaisseau proprement dit ne fut plus qu'un petit point sur l'écran, un petit point rouge et lumineux.

— Mais on nous apprend tout ça à l'école maternelle, lança Rioz.

— Ce n'est pas le cas des gens à qui il s'adresse, répliqua Long. La Terre n'est pas Mars. Plusieurs milliards de Terriens n'ont même jamais vu de vaisseau ; vous pensez s'ils en connaissent le fonctionnement !

« Lorsque le carburant contenu dans le plus gros réservoir est consommé, le réservoir se détache, reprit Hilder. On le largue. »

La coquille extérieure se libéra et zigzagua à travers l'écran.

« Puis c'est au tour du second, et si le voyage est très long, on se débarrasse du troisième. »

Le vaisseau n'était plus qu'un minuscule point rouge, autour duquel les trois coquilles dérivaient lentement dans l'espace.

« Toutes ces coquilles, expliqua Hilder, représentent cent mille tonnes de tungstène, acier, magnésium et aluminium qui sont à tout jamais perdues pour la Terre. Mais pas pour tout le monde : venus de Mars, une armée de Récupérateurs sillonnent l'espace pour recueillir et s'approprier les coquilles rejetées qui serviront ensuite à l'industrie martienne. Que reçoit la Terre en échange ? Pas un centime ! Ces coquilles deviennent la propriété du vaisseau qui les harponne. »

— Mais nous risquons notre peau et notre argent dans cette affaire ! s'exclama Rioz. Si on ne les recueille pas, personne d'autre ne le fera. Pour eux, qu'est-ce que cela change ?

— Ecoutez, dit Long, il se contente de rappeler le fardeau que Mars, Vénus et la Lune font encore peser sur la Terre. Ce n'est qu'un exemple.

— Ils rentreront dans leurs frais. Chaque année, nous fabriquons davantage de fer.

— Dont nous conservons la plus grande part. Si les chiffres sont exacts, la Terre a investi sur Mars deux cents milliards de dollars et en a récupéré cinq sous forme de minerai de fer. La Lune a reçu cinq cents milliards de dollars dont elle a remboursé un peu plus de vingt-cinq millions en magnésium, titane et divers métaux légers. Pour Vénus, c'est encore mieux : la Terre a déboursé cinquante milliards de dollars sans recevoir aucune compensation. Et c'est ça qui intéresse les contribuables — leur argent se volatilise, mais rien ne rentre !

Tandis qu'il parlait, l'écran s'était couvert de petits croquis représentant les Récupérateurs en route vers Mars, minuscules caricatures de vaisseaux, allongeant leurs minces bras filiformes vers des coquilles baladeuses pour s'en saisir, puis les halant avant de les estampiller d'un étincelant PROPRIETE DE MARS et de les diriger sur Phobos.

Hilder réapparut : « Un jour, disent-ils, ils nous rendront tout cela. Un jour ! Aux calendes grecques, oui ! Dans combien de temps ? Un siècle ? Mille ans ou plus ? Un jour ! Prenons-les au mot. Un jour, ils nous rendront nos métaux. Un jour, ils seront capables de produire leur propre nourriture et leur énergie. Ils n'auront plus besoin de nous pour vivre. Mais il y a autre chose qu'ils ne pourront jamais nous rendre, fût-ce dans un milliard d'années : l'eau !

» Mars ne possède qu'un insignifiant filet d'eau parce qu'elle est trop petite. Vénus n'en possède pas une goutte parce qu'elle est trop petite et trop chaude. La Lune pas davantage parce qu'elle est à la fois trop petite et trop chaude. Ainsi, non seulement la Terre doit leur fournir à toutes trois l'eau pour boire et se laver, l'eau nécessaire à leur industrie, mais aussi l'eau qui est dilapidée dans l'espace par millions de tonnes !

» Qu'est-ce qui sert à propulser les vaisseaux ? Quel carburant rejettent-ils afin de pouvoir avancer ? Autrefois, la propulsion était assurée par les gaz résultant de la combustion de certains explosifs. C'était un procédé très coûteux. Avec l'invention de la micro pile au proton, on s'est aperçu qu'en chauffant n'importe quel liquide, il se transformait en gaz sous pression. Quel est le liquide le plus abondant, et par conséquent le moins cher ? L'eau, naturellement !

» Chaque vaisseau quitte la Terre en emportant dans ses flancs près d'un million de tonnes — je dis bien de tonnes — d'eau, uniquement afin de pouvoir accélérer ou ralentir lorsqu'il sera dans l'espace.

» Nos ancêtres ont follement gaspillé le pétrole de la Terre et détruit son charbon. Nous les méprisons, nous les condamnons pour leur inconscience, mais au moins avaient-ils une excuse : ils pensaient que quand le besoin s'en ferait sentir, ils trouveraient autre chose. Et ils avaient raison. Nous avons nos fermes au plancton et nos piles au micro proton.

» Mais rien ne pourra jamais remplacer l'eau. Rien ! Et quand nos descendants verront en quel désert nous avons transformé la Terre, quelle excuse nous trouveront-ils ? Quelle excuse, quand la soif les tenaillera ?

Long tendit le bras et tourna le bouton.

— Voilà ce qui me turlupine. Le salopard essaye — que se passe-t-il ?

Rioz s'était redressé, mal à l'aise.

— Il faut que j'aille surveiller l'écho.

— Au diable l'écho ! (Long se leva à son tour, suivit Rioz à travers le couloir et fit un pas dans la cabine de pilotage.) Si Hilder arrive à ses fins, s'il a le culot d'aller jusqu'au bout, alors — *Wow !*

Lui aussi l'avait vu. Un écho de première classe, talonnant le signal comme un lévrier le lapin mécanique.

— L'espace était clair, bredouilla Rioz. Clair, vous pouvez me croire. Pour l'amour de Mars, Ted, ne restez pas là à me foudroyer du regard. Essayez de le repérer de visu.

Rioz travaillait vite, avec une efficacité qui était le fruit de vingt années passées au service de la Récupération. En deux minutes, il avait évalué la distance. Puis, se souvenant de l'erreur de Swenson, il calcula l'angle de déclinaison et la vitesse radiale.

— Un point sept six radians, lança-t-il. Vous ne pouvez pas le rater, mon vieux.

Long retint son souffle en ajustant le vernier.

— Il n'est qu'à un demi-radian du soleil. L'éclairage sera insuffisant.

Il poussa l'amplification à son maximum, guettant l'étoile qui changerait de position sur l'écran et grossirait, révélant peu à peu qu'elle n'en était pas une.

— Foncez ! annonça Rioz. On ne peut pas attendre.

— Je l'ai ! Je l'ai !

L'amplification était encore trop faible pour révéler une forme précise, mais le point que Long suivait du regard était tour à tour sombre et brillant, comme les rayons obliques du soleil frappaient les différentes faces de la coquille.

— Ne la lâchez pas !

La vapeur gicla hors des orifices d'échappement, laissant derrière le vaisseau une longue traînée de cristaux qui étincelaient sous les pâles rayons du lointain soleil. Elle alla s'amenuisant sur une centaine de kilomètres, une première, suivie d'une seconde, puis d'une troisième tandis que le vaisseau abandonnait sa trajectoire et prenait une direction tangente à celle de la coquille.

— Elle file comme une comète au périhélie ! hurla Rioz. Ce n'est pas par hasard si ces sacrés pilotes rampants les larguent ainsi. Ce que j'aimerais...

Il lâcha un juron de colère impuissante tout en envoyant de nouveaux jets de vapeur, jusqu'à ce que les amortisseurs hydrauliques de son siège se fussent enfoncés d'un bon pied. Long, incapable de maintenir son étreinte sur la barre d'appui, le supplia :

— Assez, par pitié !

— Mon vieux, riposta Rioz, les yeux rivés sur l'écho, si vous n'êtes pas capable de supporter ça, il fallait rester sur Mars !

On percevait la lointaine explosion des éruptions de vapeur.

Le signal radio s'alluma. Lentement, comme s'il se mouvait dans de la mélasse, Long se pencha en avant et mit le contact. C'était Swenson, hors de lui.

— Qu'est-ce que vous foutez, les mecs ? Dans dix secondes, vous entrez dans mon secteur.

— Je chasse une coquille, répondit Rioz.

— Dans *mon* secteur ?

— Elle est partie du mien. D'ailleurs vous n'êtes pas en position de la capturer. Fermez-moi ce poste, Ted.

Le vaisseau fonçait, dans un grondement de tonnerre qu'on entendait uniquement de l'intérieur. Soudain, par paliers assez distants les uns des autres pour faire basculer Long en avant, Rioz coupa la vapeur. Un silence brutal, à vous briser le tympan, succéda au vacarme.

— Bon. Passez-moi le télescope, dit Rioz. (Tous deux regardèrent. Il s'agissait bien d'un cône tronqué qui culbutait devant les étoiles avec une lenteur toute solennelle.) C'est une classe A, ajouta Rioz avec satisfaction. (Une coquille géante, pensa-t-il. Juste ce qu'il fallait pour nous renflouer.)

— Un second écho vient d'apparaître. Ce doit être Swenson qui nous file le train.

Rioz ne lui accorda qu'un bref regard.

— Il ne nous rattrapera pas.

Dans le multi-viseur, la coquille grossissait à vue d'œil. Rioz avait les deux mains sur le levier de commande du harpon. Il attendait. A deux reprises, il calcula son angle de tir au micro-millimètre près, évalua la distance. Puis, d'un coup sec, il libéra le harpon.

L'espace d'un moment, rien ne se produisit. Ensuite, un câble métallique ondula dans le viseur, filant en direction de la coque tel un cobra fonçant sur sa proie. Il toucha au but, mais sans accrocher. L'eût-il fait qu'il se serait rompu aussi facilement qu'un fil d'araignée. Le mouvement de rotation qui entraînait la coquille équivalait à des milliers de tonnes. Il ne disposait que d'un champ magnétique assez puissant pour ralentir sa vitesse.

Un second câble cingla comme un fouet. Sans

presque se soucier de l'énergie, Rioz les libérait les uns après les autres.

— Je l'aurai ! Je l'aurai ! éructait-il.

Lorsqu'il y eut près de deux douzaines de câbles ainsi tendus entre le vaisseau et la coquille, il s'arrêta. Convertie en chaleur par le frein, l'énergie produite par la rotation de la coquille avait élevé sa température à un point tel que ses radiations thermiques étaient captées par le compteur de bord.

— Voulez-vous que j'aille poser notre marque ? demanda Long.

— D'accord, mais ne vous croyez pas obligé. C'était mon quart.

— Aucune importance.

Long s'introduisit dans sa combinaison et sortit du sas. Il pouvait encore compter le nombre de sorties qu'il avait effectuées dans l'espace : seuls les novices en étaient encore là. C'était la cinquième fois. Il se laissa glisser le long du câble le plus proche, détachant une main après l'autre. Les vibrations du câble étaient perceptibles à travers les mitaines de métal.

Il imprima leur numéro de série sur le flanc tendre de la coquille. Dans le vide sidéral, rien n'oxyde l'acier. Il entrait en fusion et se vaporisait pour se concentrer à quelques dizaines de centimètres du jet brûlant et la surface qu'il effleurait se transformait en un magma gris et friable.

Oscillant au bout de son câble, il revint vers le vaisseau. De retour à bord, il ôta son casque recouvert d'une gelée blanche qui s'était formée dès qu'il avait pénétré à l'intérieur. La première chose qu'il entendit fut la voix de Swenson rendue méconnaissable par la colère. « ... et j'irai jusqu'au Commissaire ! Bon Dieu, il y a des règles, à la chasse ! »

Imperturbable, Rioz se renversa contre son dossier.

— Ecoute, quand je l'ai repérée, elle était dans mon secteur, et je l'ai poursuivie dans le tien. Vous étiez mal placés pour l'avoir. Il n'y a rien à ajouter... Vous êtes rentré, vous ?

Apercevant Long, il coupa le contact. Le signal radio se ralluma rageusement, mais il ne lui prêta aucune attention.

— Vous croyez qu'il ira se plaindre au Commissaire ? demanda Long.

— Tu parles ! Il fait son numéro parce que ça le change un peu de la routine, mais c'est du flan. Cette coquille est à nous, il le sait. Belle prise, hein, Ted ?

— Pas vilaine, oui.

— Pas vilaine ? C'est un bijou ! Tenez bon, on repart.

Les réacteurs latéraux crachèrent de la vapeur et le vaisseau amorça une lente révolution autour de la coquille. Elle suivit. Une demi-heure plus tard, un gigantesque bolo tournoyait dans l'espace. Long consulta l'*Ephemeris* pour connaître la position de Deimos.

Au moment voulu, les câbles relâchèrent le champ magnétique. Libérée, la coquille suivit la trajectoire oblique qui devait l'amener, environ vingt-quatre heures plus tard, à proximité du hangar à coquilles du satellite martien.

Le cœur léger, Rioz la regarda s'éloigner. Il se tourna vers Long.

— Bonne journée !

— Et le discours d'Hilder ?

— Qui ? Oh, ça. Ecoutez, si je devais me faire du mauvais sang chaque fois qu'un Rampant ouvre la bouche, je ne fermerais plus l'œil. N'y pensez plus.

— Au contraire ! Je crois qu'il faut y penser sérieusement.

— Vous êtes cinglé. Fichez-moi la paix avec ça. Vous feriez mieux de dormir.

★

Rien ne réconfortait Ted Long comme de se promener dans l'avenue principale de la cité. Deux mois s'étaient écoulés depuis que le commissaire Sankov avait suspendu toutes les missions de Récupération et chassé de l'espace tous les vaisseaux martiens. Long, pourtant, ne se lassait pas de cette perspective qui s'étendait à perte de vue. Même la pensée que le moratoire avait été déclaré sous la menace d'une décision terrienne d'exiger de nouvelles restrictions d'eau en limitant d'autorité la rotation des Récupérateurs ne parvenait pas à le décourager.

La voûte de l'avenue était peinte d'un bleu clair lumineux, peut-être dans une naïve tentative pour imiter le ciel de la Terre, Ted n'en était pas certain. De part et d'autre, les vitrines des magasins éclairaient les façades. Dans le lointain, couvrant la rumeur de la circulation et le piétinement des passants, on entendait des explosions intermittentes correspondant aux nouvelles tranchées que l'on forait dans la croûte martienne. D'aussi loin qu'il s'en souvenait, il avait entendu ces explosions. A sa naissance, le sol qu'il foulait à présent faisait encore partie d'une roche massive et intacte. La cité grandissait et continuerait sa croissance — si seulement la Terre voulait bien le lui permettre.

A un carrefour, il s'engagea dans une rue plus étroite et plus sombre, les vitrines ayant cédé la place aux immeubles résidentiels, les façades trouées d'un chapelet de lumières. Ici, on oubliait la circulation et l'animation d'une artère commerçante. Les passants déambulaient paisiblement et les gosses jouaient, indifférents aux injonctions maternelles de venir prendre le repas du soir.

Au dernier moment, Long se souvint du code des bonnes manières et fit halte chez le marchand d'eau. Il lui tendit son bidon.

— Le plein, s'il vous plaît.

L'autre le dévissa, glissa un coup d'œil par l'ouverture. Puis il le secoua et fit glouglouter ce qui restait.

— Pratiquement vide, déclara-t-il avec entrain.

Goutte à goutte, il remplit le récipient en maintenant son col contre l'arrivée d'eau de façon à éviter tout gaspillage. Le compteur volumétrique se mit à tourner. Il revissa soigneusement le bouchon.

Long paya et s'en fut. Il sentait le bidon se balancer contre sa hanche et ce poids lui procurait une agréable sensation. L'usage voulait qu'on ne se rende pas chez une famille sans apporter sa ration d'eau. Entre copains, on n'était pas aussi pointilleux.

Il pénétra dans le hall du 27, gravit une volée de marches et s'arrêta, le doigt sur la sonnette. Il était sur le point d'appuyer lorsqu'un bruit de voix lui parvint distinctement à travers la cloison.

— Tu es content d'avoir invité tes collègues récupérateurs, non ? s'écria une voix féminine au timbre aigu. Quant à moi, je devrais sans doute te remercier de rester à la maison deux mois par an. Oh, je sais, un jour ou deux en compagnie de ta femme, pour toi, c'est le maximum. Passé ce délai, ça te démange de retrouver tes chers Récupérateurs.

— Jamais je ne suis resté aussi longtemps à la maison, riposta Swenson. Et si je les ai invités, c'est pour discuter boulot, uniquement. Mais pour l'amour de Lars, Dora, tais-toi ! Ils peuvent arriver d'une seconde à l'autre.

Le moment était mal choisi pour se présenter. Long décida d'attendre que l'orage conjugal se fût un peu apaisé.

— Qu'ils viennent, je m'en moque ! reprit Dora. Ça m'est bien égal qu'ils m'entendent. Et laisse-moi te dire une bonne chose : je serais ravie que le Commissaire interdise la Récupération de façon définitive !

— Et veux-tu me dire de quoi nous vivrions ? répliqua Swenson avec fougue.

— Et comment font les autres ? Tu pourrais très bien trouver sur Mars un boulot convenable. Dans cette maison, je suis la seule femme qui soit veuve d'un Récupérateur. Veuve, parfaitement. Et c'est même pire, car si j'étais veuve, j'aurais au moins la possibilité de me remarier. — Qu'est-ce que tu as dit ?

— Rien. Rien du tout.

— Oh, que si ! Ecoute-moi un peu, Dick Swenson...

— Je disais que je commençais à comprendre pourquoi les Récupérateurs ne se mariaient pas.

— Toi non plus, tu n'aurais pas dû te marier ! J'en ai marre que tout le monde me prenne en pitié et de leurs simagrées, « ma pauvre petite, savez-vous quand il rentrera ? ». Les autres sont ingénieurs des mines ou fonctionnaires, ou même perceurs de tunnels. Les femmes des perceurs de tunnels ont une vie normale, au moins, et leurs gosses ne poussent pas comme des vagabonds. Pete pourrait aussi bien ne pas avoir de père...

Une voix fluette et juvénile se fit entendre, plus lointaine, comme si elle provenait de la pièce voisine.

— Dis, M'man, c'est quoi un vagabond ?

— Pete, gronda Dora, veux-tu t'occuper de tes devoirs !

— Tu ne devrais pas dire des choses pareilles devant lui, fit Swenson à mi-voix. Que pensera-t-il de moi ?

— Reste à la maison et tu pourras lui donner une meilleure éducation.

— Dis, M'man, s'écria Pete, quand je serai grand, moi aussi je veux être Récupérateur.

Un bruit de pas rapides, des cris, puis Peter hurla :

— Aïe ! M'man, arrête, me tire pas les oreilles. Qu'est-ce que j'ai encore fait ? (Le silence retomba, entrecoupé de reniflements.)

Long sauta sur l'occasion. D'un index vigoureux, il appuya sur la sonnette.

Swenson vint ouvrir la porte, rabattant des deux mains sa chevelure ébouriffée.

— Salut, Ted ! dit-il d'une voix étouffée. (Puis, plus fort :) Dora ! C'est Ted. Au fait, et Mario ?

— Il ne va plus tarder, assura Long.

Dora fit son apparition, l'air affairé. Petite, brune, le nez pincé, quelques touches de gris sur ses cheveux tirés en arrière.

— Bonsoir, Ted. Avez-vous dîné ?

— Oui, je vous remercie. Je ne vous interromps pas, au moins ?

— Pas du tout. Nous avons terminé depuis longtemps. Vous prendrez bien un peu de café ?

— Très volontiers. (Ted décrocha son bidon et le lui tendit.)

— Oh, seigneur, c'est inutile, je vous assure. Nous avons largement assez d'eau.

— Prenez, j'y tiens.

— Dans ce cas...

Elle disparut dans la cuisine. Par la porte battante, Long aperçut des assiettes disposées dans le Secoterg, « la machine qui absorbe et fait disparaître la graisse sans eau en un clin d'œil. Une once d'eau rincera trois mètres carrés d'assiettes et vous les rendra comme neuves. C'est le miracle Secoterg. Avec Secoterg, lavez votre vaisselle sans gaspiller votre eau » !

L'air se mit à trotter dans la tête de Long qui le chassa par une question :

— Et Pete, comment va-t-il ?

— Formidable. Il est en sixième, maintenant. Je le vois très peu, forcément. Eh bien, à mon dernier retour, il m'a regardé bien en face et savez-vous ce qu'il m'a dit...

Swenson continua ainsi pendant quelque temps à jouer le père émerveillé par la vivacité de son brillant rejeton. Long dut reconnaître qu'il ne s'en tirait pas trop mal.

La sonnette retentit et la porte s'ouvrit sur Mario Rioz, les joues rouges, la mine soucieuse.

— Pas un mot sur la chasse, lui souffla Swenson. Dora n'a pas oublié la coquille que tu as harponnée dans mon secteur et ce soir, elle est d'une humeur massacrante.

— Comme s'il était question de chasse !

Rioz se débarrassa de sa canadienne bordée de fourrure, la lança sur le dossier d'une chaise et s'assit.

Revenue de la cuisine, Dora gratifia le nouveau venu d'un sourire glacé.

— 'Soir, Mario. Un café, vous aussi ?

— Ouais, dit-il en tendant son bidon d'un geste machinal.

— Laissez donc son bidon, Dora, et prenez un peu plus d'eau dans le mien, proposa Long, très vite. On s'arrangera plus tard.

— C'est ça, dit Rioz.

— Qu'est-ce qui ne va pas, Mario ? questionna Long.

— Allez-y, dites-le que vous m'aviez prévenu. Il y a un an, quand Hilder y est allé de son discours... Mais dites-le donc ! (Long haussa les épaules.) Ça y est, ils ont établi le quota. C'est officiel depuis un quart d'heure.

— Et alors ?

— Cinquante mille tonnes par voyage.

— Quoi ? s'indigna Swenson. Mais on ne peut même pas décoller avec ça !

— Pas un litre de plus. Si c'est pas écœurant. Autant dire que la Récupération, c'est fini.

Dora entra, les bras chargés d'un plateau, et disposa les tasses.

— Pourquoi n'y aurait-il plus de Récupération ? s'enquit-elle en se calant dans un fauteuil. (Swenson la regarda, désemparé.)

— D'après les dernières nouvelles, nous serions rationnés à cinquante mille tonnes. Ce qui revient à dire que nous ne pourrons plus partir.

Un sourire éclaira le visage de Dora.

— Et alors ? dit-elle en sirotant son café. A mon avis, c'est une excellente décision. Il est temps que vous autres Récupérateurs vous cherchiez un job stable. Sincèrement. Ce n'est pas une existence de toujours sillonner l'espace...

— Dora, je t'en prie, murmura Swenson.

Rioz émit un vague grognement de mépris.

Dora haussa les sourcils.

— Je donne mon avis, c'est tout.

— C'est bien normal, dit Long. Mais permettez-moi d'ajouter quelque chose. Les cinquante mille tonnes ne sont qu'un détail. Nous savons que la Terre — ou tout au moins les partisans de Hilder — font des restrictions d'eau sur l'axe principal d'une vaste campagne politique. Nous sommes dans le pétrin. Nous devons coûte que coûte trouver de l'eau ou ils nous la couperont pour de bon, qu'en pensez-vous ?

— C'est probable, dit Swenson. Mais où trouver de l'eau, voilà la question.

— S'il ne s'agit que de trouver de l'eau, intervint Rioz avec un emportement soudain, il n'y a qu'une seule chose à faire, vous le savez bien. Si les Rampants nous coupent l'eau, on ira la chercher là où elle est. Ce n'est pas parce que leurs parents et grands-parents étaient trop dégonflés pour quitter leur vache à lait de planète que la flotte leur appartient. Elle appartient à tout le monde. Nous sommes des êtres humains et nous y avons droit autant qu'eux.

— Et comment comptez-vous la prendre ? demanda Long.

— Facile ! Ils ne peuvent pas poster un garde sur chaque kilomètre carré d'océan. On peut descendre sur la face nocturne de la planète, remplir nos coquilles et filer. Comment pourraient-ils nous arrêter ?

— De mille façons, Mario. Comment vous y prenez-vous pour repérer des coquilles dans l'espace à des centaines de milliers de kilomètres de distance ? Ce petit bout de métal perdu dans l'immensité ? Vous vous servez de votre radar. Croyez-vous qu'ils n'aient pas de radars sur Terre ? Quand les Terriens découvriront notre entreprise, il leur sera facile de balayer le ciel de leurs radars pour intercepter nos vaisseaux.

— Laissez-moi vous dire une chose, Mario Rioz, coupa Dora avec fureur. Jamais mon mari ne se lancera dans des razzias pour ramener le carburant qui lui permettra de continuer à faire ce sale boulot !

— La Récupération n'est pas seule en cause, répliqua Rioz. Après, c'est tout le reste qu'ils nous rationneront, si nous ne les arrêtons pas quand il en est encore temps.

— Mais nous n'avons pas besoin de cette eau, insista Dora. Mars n'est ni la Lune ni Vénus. Nous en ramenons suffisamment des pôles pour couvrir nos besoins. Il y a un robinet chez nous. Tous les appartements de cet immeuble ont le leur.

— La consommation domestique n'est rien, dit Long. Il en faut, et beaucoup, pour les mines, l'arrosage...

— Exactement, renchérit Swenson. L'arrosage, Dora. Il est temps que nous fassions pousser nos fruits et légumes au lieu de toujours vivre de ces condensés que leurs vaisseaux nous livrent de la Terre.

— Ecoutez-le ! Comme si tu en avais déjà mangé, des légumes frais !

— J'en ai mangé plus que tu ne crois. Tu te souviens de ces carottes que je t'avais rapportées l'autre jour ?

— Et alors ? Qu'est-ce qu'elles avaient de particulier, ces carottes ? Parle-moi plutôt d'un bon *protomeal*. C'est bien meilleur, et plus sain. Seulement voilà, manger des légumes frais, c'est du dernier cri, parce qu'ils augmentent les impôts des arroseuses.

D'ailleurs, tout ceci n'est jamais qu'une tempête dans un verre d'eau.

— Je crains que non. En tout cas, ça ne se tassera pas tout seul. Si Hilder est élu Coordonnateur, comme cela semble acquis, les choses risquent de tourner très mal pour nous. Si, en plus de l'eau, ils se mettaient à nous rationner les vivres...

— Et alors, s'écria Rioz, que nous restera-t-il à faire ? A aller la chercher. Aller chercher l'eau !

— Je vous le répète, Mario, c'est impossible. Ne voyez-vous pas que cette solution abonde dans le sens de la Terre, dans le sens des Rampants ? Vous essayez de vous raccrocher au cordon ombilical qui relie Mars à la Terre. Ne pouvons-nous une bonne fois nous libérer de cette contrainte, trouver la véritable voie martienne ?

— Non, mon vieux, je ne vois pas. Dites toujours.

— D'accord, à condition que vous m'écoutiez jusqu'au bout. Quand nous parlons du Système solaire, nous pensons Vénus, Terre, Lune, Mars, Démos, Phobos... sept corps célestes, pas un de plus. Nous, Martiens, sommes pourtant à la frontière des 99 % oubliés. Là-bas, loin du Soleil, dorment de formidables réserves d'eau.

Les autres le regardaient, bouche bée.

— Vous faites allusion aux couches de glace qui recouvrent Jupiter et Saturne ? demanda Swenson d'une voix hésitante.

— Pas précisément, mais vous reconnaîtrez qu'une couche de glace de milliers de kilomètres d'épaisseur, ça en représente, de l'eau !

— Vous oubliez qu'elle est enfouie sous des nappes d'ammoniaque ou — ou de je ne sais plus quoi, et qu'il nous est impossible de nous poser sur les planètes majeures.

— Je sais, reprit Long sans se démonter, aussi n'ai-je pas dit que c'était la solution. Mais il n'y a pas que les planètes. Que faites-vous des astéroïdes, des satellites ? A peu de chose près, Vesta n'est qu'un morceau de glace de trois cent mille kilomètres de diamètre. Une des lunes de Saturne est elle aussi constituée en grande partie de glace.

— Avez-vous déjà été dans l'espace, Ted ? demanda Rioz.

— Vous êtes bien placé pour le savoir. Pourquoi ?

— Je le sais, oui, et cependant, vous parlez comme un Rampant. Avez-vous songé à la distance ? L'astéroïde moyen le plus proche est à plus de deux cents millions de kilomètres, soit près de deux fois la distance Mars-Vénus, gouffre que pratiquement aucun vaisseau ne peut franchir d'une seule traite. Le plus souvent, ils font escale sur la Lune ou la Terre. A votre avis, combien de temps un homme peut-il rester dans l'espace ?

— Je ne sais pas, admit Long. Quelle est votre limite ?

— La limite, vous la connaissez aussi bien que moi. Six mois. C'est le règlement. Passé ce délai, vous devenez de la bidoche psychothérapique. S'pas, Dick ?

Swenson acquiesça.

— Voilà pour les astéroïdes, poursuivit Rioz. De Mars à Jupiter, il y a presque six cent trente millions de kilomètres ; pour Saturne, on arrive à treize cents millions. Comment voulez-vous qu'on en vienne à bout ? Calculons le temps qu'il faudrait à vitesse de croisière — allons même jusqu'à deux cent mille kilomètres/heure. C'est simple : en tenant compte de l'accélération et de la décélération, six à sept mois pour aller sur Jupiter, plus d'un an pour Saturne !

Naturellement, vous pourriez foncer à quinze cent mille kilomètres/heure... sur le papier, mais où prendriez-vous le carburant ?

— Mince ! souffla une petite voix. Saturne ! (Le nez crotté, les yeux écarquillés, Peter n'en perdait pas une bouchée.)

Dora fit volte-face.

— Peter, veux-tu bien disparaître dans ta chambre !

— Ouais, M'man.

— Il n'y a pas de « Ouais, M'man » qui tienne. (Elle fit mine de se lever et Peter battit précipitamment en retraite.)

— Ecoute, Dora, murmura Swenson, ne pourrais-tu aller lui tenir compagnie un moment ? C'est dur pour lui de se concentrer sur son travail quand nous sommes tous ici en train de bavarder.

Dora renifla avec ostentation et resta vissée sur son fauteuil.

— Je ne bougerai pas d'ici avant de savoir ce que mijote Ted Long. Pour l'instant, je dois dire que ça ne me dit rien qui vaille.

— Bon, oublions Jupiter et Saturne, reprit Swenson gêné. Je suis sûr que Ted n'y pensait pas sérieusement. Parlons plutôt de Vesta. Nous pouvons l'atteindre en dix ou douze semaines, même chose pour le retour. Tout de même, un peu moins de trois cents kilomètres de diamètre, ça fait près de huit cents millions de kilomètres cubes de glace !

— Et alors ? intervint Rioz. Qu'est-ce qu'on fait, une fois arrivé ? On découpe la glace ? On installe une carrière ? Vous avez une idée du temps que ça prendra ?

— Je parle de Saturne, et non de Vesta, dit Long.

— Je lui ai dit qu'il y avait treize cents millions

de kilomètres à parcourir, et il s'obstine ! murmura Rioz à la cantonade.

— D'accord, répondit Long. Mais d'où tenez-vous que nous ne pouvons rester plus de six mois dans l'espace ?

— Tout le monde le sait, bon sang !

— Parce que c'est dans le *Règlement des Vols Spatiaux ?* Ce manuel a été rédigé par des chercheurs terriens d'après les expériences de pilotes et astronautes terriens. Vous raisonnez toujours en Rampants. Oubliez-vous que vous êtes martiens ?

— Où est la différence ? Un Martien, c'est toujours un homme.

— Comment pouvez-vous être aussi aveugle ? Combien de fois n'êtes-vous pas resté plus de six mois dans l'espace sans prendre de repos ?

— Rien à voir, dit Rioz.

— Parce que vous êtes des Martiens ? Des Récupérateurs professionnels ?

— Parce qu'il ne s'agissait pas d'un voyage d'une traite et que nous pouvions rentrer chaque fois que nous en avions envie.

— Mais vous n'y tenez pas, voilà où je veux en venir. Les Terriens, eux, ont des vaisseaux sensationnels, avec cinéma, bibliothèques, et un équipage de plus de quinze membres. Cependant, ils ne peuvent pas rester là-haut plus de six mois. Vous, Récupérateurs martiens, ne disposez que de deux petites cabines et d'un copilote mais vous tenez plus de six mois. La voilà, la différence !

— Si je comprends bien, dit Dora, vous envisagez de rester un an à bord et d'aller sur Saturne ?

— Pourquoi pas ? reprit Long. Nous pouvons le faire. Est-ce que vous vous en rendez compte ? Les Terriens en sont incapables. Ils ont un véritable monde, où ils respirent à ciel ouvert et mangent de la nourriture fraîche, sans compter qu'ils ont toute l'eau et tout l'air dont ils ont besoin ! Rester enfermés dans un vaisseau, pour eux, c'est une épreuve. Au bout de six mois, ils craquent. Pour nous, Martiens, c'est autre chose. Notre vie entière se passe à bord d'un vaisseau.

» Qu'est-ce que Mars, en effet, sinon un gigantesque vaisseau de sept mille kilomètres d'envergure avec une minuscule cabine occupée par cinquante mille personnes ? Bouclées comme dans un vaisseau. Nous respirons un air captif, nous buvons de l'eau en bouteille que nous repurifions indéfiniment, nous mangeons des conserves, comme dans un vaisseau. Lorsque nous nous retrouvons à bord d'un petit vaisseau, il n'y a rien de changé. C'est pourquoi je dis que nous pouvons rester dans l'espace un an, et même davantage s'il le faut.

— Dick aussi ? demanda Dora.

— Nous le pouvons tous.

— Non ! Dick ne peut pas ! Tout ceci est bon pour vous, Ted Long et ce voleur de coquilles, ce Mario. Vous êtes célibataires. Dick, lui, a une femme et un fils, et c'est une raison suffisante. Il peut se trouver un boulot régulier, ici même, sur Mars. Supposez un instant que vous alliez sur Saturne et qu'il n'y ait pas d'eau ? Comment reviendriez-vous ? Et même s'il vous restait de l'eau, vous seriez à court de vivres. C'est bien le truc le plus idiot que j'aie jamais entendu.

— Vous vous trompez, insista Long, froidement. Ecoutez-moi. J'ai pensé à toutes ces objections et je me suis entretenu avec le commissaire Sankov qui m'a assuré de son appui. Mais il nous faut des vaisseaux et des volontaires. Moi, les hommes ne m'écouteront pas. Je suis novice. Vous deux, vous êtes des vétérans connus et estimés. Même si vous ne pouvez pas venir vous-mêmes, soutenez-moi, aidez-moi à trouver les volontaires.

— D'abord, dit Rioz sans s'emballer, nous avons besoin d'autres explications. Une fois sur Saturne, où est l'eau ?

— Voilà justement ce qu'il y a d'admirable, dit Long, et c'est pourquoi je propose Saturne : l'eau flotte tout autour dans l'espace ; il n'y a qu'à la prendre.

★

Quand Hamish Sankov était arrivé sur Mars, il n'y avait pas encore un seul véritable Martien. A présent, plus de deux cents bébés étaient martiens à la troisième génération.

Il était tout jeune, alors, et la première cité martienne se limitait à une poignée de vaisseaux ancrés sur la planète et reliés entre eux par des tunnels souterrains entièrement isolés. Au fil des années, il avait vu les immeubles pousser, plongeant leurs fondations plus profondément dans le sol de la planète tandis que leurs museaux effilés s'allongeaient dans son atmosphère irrespirable. Il avait vu éclore d'énormes entrepôts capables d'engloutir les vaisseaux et leurs cargaisons. Et les mines, parties de rien, creusaient d'énormes tranchées dans la croûte martienne. Pendant ce temps, la population passait de cinquante à cinquante mille.

Sankov se sentit soudain très vieux en évoquant ces souvenirs et d'autres, plus lointains, qu'avait éveillés la présence de son visiteur terrien : par bribes lui revenait le peu qu'il avait connu d'un autre monde, tiède et douillet, aussi agréable pour l'homme que le sein maternel.

Le Terrien semblait tout frais issu de cette matrice. De taille moyenne, plutôt replet et même franchement rondouillard, il avait des cheveux sombres aux coquettes ondulations, une gracieuse moustache, une peau lisse, rasée de près. Sobre et bien coupé, son complet sortait tout droit de chez le bon faiseur.

Usés par un trop long usage, les vêtements de Sankov provenaient d'une manufacture locale. Couronné par une chevelure d'un blanc de neige, son visage taillé à coups de serpe était sillonné de rides profondes ; sa pomme d'Adam gigotait comme il parlait.

Le Terrien s'appelait Myron Digby ; il était membre de l'Assemblée des Peuples de la Terre. Sankov était le Commissaire martien.

— Savez-vous que ces mesures nous frappent très durement, dit Sankov.

— Elles sont aussi pénibles à certains d'entre nous, croyez-le bien, Commissaire.

— Mmm. En toute franchise, je dois dire que je ne comprends pas les raisons de la Terre. Et pourtant, j'y suis né. Dites-vous bien que la vie sur Mars est âpre et difficile, Sénateur. Les vaisseaux qui nous arrivent de chez vous sont chargés de la nourriture, de l'eau, des matières premières nécessaires à notre survie. Il reste peu de place pour les livres ou les films nouveaux. Même les programmes vidéo ne nous atteignent qu'un mois par an, lorsque Mars et la Terre sont en conjonction, et nous n'avons guère le temps de les écouter. Mes services reçoivent une sélection hebdomadaire filmée envoyée par la Presse Planétaire. Le plus souvent, c'est à peine si je peux y jeter un coup d'œil. Vous pouvez nous appeler provinciaux, et vous n'aurez pas tort. Lorsqu'une bombe de ce calibre nous arrive dessus, nous sommes complètement désemparés.

— Ne me dites pas que la population martienne ignorait tout de la campagne anti-gaspillage de Hilder ?

— Non, tout de même pas. Au cours d'une mission, un jeune Récupérateur, fils de l'un de mes amis mort dans l'espace (Sankov se gratta le cou d'un index hésitant) passionné d'histoire terrienne, a réussi à capter vos programmes vidéo. C'est ainsi qu'il a pu entendre Hilder. A ce que je sais, jamais encore Hilder n'avait brandi l'arme du gaspillage.

» Dès son retour, il est venu m'en parler. Naturellement, je ne l'ai pas pris très au sérieux. Après notre conversation, j'ai suivi d'un œil plus attentif les films de la Presse Planétaire, mais on n'y faisait guère mention de Hilder, sinon pour le ridiculiser.

— Au début, en effet, cela ressemblait à une plaisanterie.

Sankov allongea ses longues jambes et les croisa.

— De mon point de vue, c'en est toujours une. Quels sont ses arguments ? Nous consommons de l'eau. A-t-il pris la peine de consulter les chiffres ? Je les ai sous la main. Je me les suis fait apporter quand j'ai appris la création de cette commission.

» La Terre possède environ sept cents millions de kilomètres cubes d'eau dans ses océans. Un kilomètre cube pèse quatre milliards et demi de tonnes. C'est énorme. Nous utilisons une grande partie de notre eau pour les vols spatiaux ; or, la poussée s'effectue surtout à l'intérieur du champ de gravité de la Terre, c'est dire que la vapeur retourne à vos océans. Hilder sait-il cela ? Quand il proclame que nous usons un million de tonnes d'eau pour chaque vol, il ment effrontément : en réalité, il s'agit d'un peu moins de cent mille tonnes.

» Imaginez maintenant que nous effectuions cinquante mille vols par an, ce qui est loin d'être le cas puisqu'ils n'excèdent pas quinze cents. Mais disons cinquante mille, car nul doute qu'ils seront amenés à se multiplier. Cela représenterait annuellement un total inférieur à deux kilomètres cubes d'eau perdue dans l'espace. En un million d'années, la Terre perdrait le quart du centième de son eau !

Digby leva les mains dans un geste d'impuissance.

— Commissaire, les Alliés interplanétaires ont riposté en citant ces chiffres, mais que peuvent les mathématiques en face d'une formidable mobilisation inspirée par la passion ? Hilder a forgé un mot : « gaspilleur » ; lentement, ce mot s'est mué en une gigantesque conspiration : un gang d'affairistes sans scrupule cherchent à spolier la Terre en vue de se remplir les poches. En même temps, ils accusent le gouvernement d'être « en cheville » avec eux, l'Assemblée d'être à leur solde, la presse à leur merci. Ces calomnies, malheureusement, trouvent dans l'opinion un écho favorable. Ces gens n'ignorent pas où peuvent conduire l'égoïsme et l'appétit de certains. En particulier, ils savent ce qui s'est passé pour le pétrole pendant les Evénements et comment la terre arable a été massacrée.

» Voyez-vous, quand un fermier voit sa récolte détruite par la sécheresse, il se moque de savoir si la quantité d'eau perdue dans les vols spatiaux n'est qu'une goutte d'eau dans l'océan par rapport aux formidables réserves de la Terre. Hilder lui a fourni un bouc émissaire et confronté au désastre, c'est encore la plus efficace des consolations. Vous pensez s'il est prêt à lâcher cet os pour une colonne de chiffres !

— Ecoutez, fit doucement Sankov, je suis peut-être ignorant des choses de la Terre, mais tout de même, vous me surprenez. Cette campagne ne mobilise qu'une poignée de fermiers touchés par la sécheresse. Si j'en crois les spots d'information, les partisans de Hilder seraient une minorité. Alors pourquoi la Terre emboîte-t-elle le pas aux quelques fermiers qui se sont laissés monter la tête par un petit groupe d'illuminés ?

— Les fermiers ne sont pas les seuls mécontents, Commissaire. Le secteur métallurgique est hostile au développement des vols spatiaux qui favorise l'essor des alliages légers et non ferreux. Les différents syndicats de mineurs redoutent la compétition extraterrestre. Incapable de trouver l'aluminium nécessaire à la construction de sa préfab, le premier Terrien venu pensera que tout l'aluminium disponible a pris la direction de Mars. Je connais un professeur d'archéologie favorable à la campagne antigaspillage. Pourquoi ? Parce que le gouvernement refuse de subventionner ses fouilles. Il est persuadé que tous les deniers de l'Etat passent dans la recherche et la médecine spatiales et ça lui reste en travers de la gorge.

— On dirait que vos Terriens ne sont pas si différents de mes compatriotes martiens, soupira Sankov. Mais que fait l'Assemblée ? Pourquoi suit-elle maintenant Hilder ?

Digby eut un sourire amer.

— Les dessous de la politique ne sont pas toujours bien propres. Au début, lorsqu'il a demandé la création d'une commission chargée d'enquêter sur les prétendus gaspillages entraînés par les vols spatiaux,

Hilder s'est heurté aux trois quarts, peut-être plus, de l'Assemblée, sous prétexte que l'enquête représenterait un abus de pouvoir inutile et intolérable de la bureaucratie — ce qui est le cas. Mais comment des législateurs pourraient-ils s'élever contre une simple enquête sur le gaspillage ? Ils auraient donné l'impression d'avoir quelque chose à craindre, ou à cacher. Peut-être même les aurait-on soupçonnés de toucher leur part du gâteau. Ne croyez pas que Hilder hésiterait à proférer de telles accusations. Vraies ou fausses, elles auraient pesé lourd dans la balance des prochaines élections. La Commission a donc été créée.

» Mais qui en ferait partie ? Les ennemis de Hilder se sont tous défilés, afin de ne pas se voir sans cesse confrontés à des décisions embarrassantes. En refusant ainsi de se mettre en première ligne, ils espéraient se soustraire à la vindicte de Hilder. Résultat : je suis le seul membre de la Commission à proclamer ouvertement mon hostilité. D'ailleurs cela risque de me coûter ma réélection.

— J'en serais navré, croyez-moi. On dirait que Mars a moins d'amis que prévu et ce n'est pas le moment de perdre le peu qu'il lui reste. Mais si Hilder remporte les élections, jusqu'où ira-t-il ?

— Pas de doute. Il vise la Coordination, rien de moins.

— A votre avis, il y parviendra ?

— Si rien ne l'arrête, j'en suis sûr.

— Que se passera-t-il alors ? Croyez-vous qu'il enterrera sa campagne anti-gaspillage ?

— C'est difficile à dire. Peut-être ne le sait-il pas encore lui-même. Mais il s'est trop avancé pour reculer. Il lui faudra tenir ses promesses s'il veut conserver sa popularité.

Sankov se gratta la tête.

— Je vois. Dans ce cas, j'aurai besoin de vos lumières. Que devons-nous faire, nous Martiens ? Vous connaissez la Terre. Vous savez où nous en sommes. Donnez-moi franchement votre avis.

Digby se leva et s'approcha de la fenêtre. Un moment, par-delà les dômes bas qui émergeaient à peine de la plaine rouge et rocailleuse, il contempla le ciel pourpre où luisait un petit soleil ratatiné.

— Vous aimez donc tout cela ? demanda-t-il sans se retourner.

Un bref sourire éclaira le visage de Sankov.

— La plupart d'entre nous ne connaissent rien d'autre, Sénateur. S'ils allaient sur Terre, sans doute la trouveraient-ils étrange et ne s'y plairaient-ils pas.

— Mais ils finiraient par s'y habituer, n'est-ce pas ? A côté de Mars, la Terre est plutôt accueillante. Ne pensez-vous pas qu'ils apprécieraient le privilège de pouvoir respirer enfin à ciel ouvert ? Vous avez vécu sur Terre, Sankov. Vous savez de quoi je parle.

— Je m'en souviens vaguement, en effet. Et cependant, c'est difficile à expliquer, mais la Terre demeure telle qu'elle a toujours été. Elle convient à l'homme et réciproquement. Il en a toujours été ainsi. Mars est différente. Elle est inhospitalière et l'homme y est un intrus. Il doit en faire quelque chose. C'est un *monde* entier qu'il lui faut bâtir, et non se contenter de recevoir l'héritage de ses ancêtres. Mars n'est rien encore, mais à force de travail et de persévérance, nous en ferons *notre* monde. Croyez-moi, nulle tâche n'est plus exaltante. Que sont, en comparaison, les charmes de la Terre ?

— Vous ne me ferez pas croire que les Martiens sont tous des philosophes, acceptant de gaieté de cœur cette existence terrible en prévision d'un avenir qui ne se réalisera pas avant plusieurs centaines de générations !

— Dans une certaine mesure, vous avez raison. (Sankov posa sa cheville droite en équilibre sur son genou gauche et se balança tout en parlant.) Les Martiens, je vous le disais il y a un instant, ont plus d'un trait commun avec les Terriens. Comme eux, ce sont des hommes, et l'humanité et la philosophie font rarement bon ménage. Mais vous ne pouvez pas savoir ce que l'on ressent à vivre dans un monde en pleine expansion, même si on ne se donne guère la peine d'y songer.

» Lorsque je suis venu m'installer ici, mon père prit l'habitude de m'écrire régulièrement. Il était comptable et devait le rester toute sa vie. Entre sa naissance et sa mort, la Terre resta à peu de chose près identique à elle-même. Chaque jour était semblable au précédent. Vivre, au fond, c'était passer le temps en attendant de mourir.

» Ici, rien de comparable. Chaque jour apporte quelque chose de nouveau — la ville s'agrandit, le système d'aération s'améliore, les canalisations s'étendent. En ce moment, nous envisageons de fonder notre propre agence de vidéo-information. Nous la baptiserons *Mars Press*. Il faut avoir vécu tout cela pour comprendre notre enthousiasme.

» C'est vrai, Sénateur, la vie sur Mars est un combat de tous les instants et il fait bien meilleur couler sur Terre des jours paisibles. Pourtant, si vous emmeniez là-bas nos filles et nos garçons, ils seraient malheureux. Sans doute seraient-ils incapables de l'expliquer eux-mêmes, mais ils se sentiraient perdus, perdus et inutiles. La plupart ne s'adapteraient pas.

Lorsque enfin Digby se détourna de la fenêtre, un réseau de rides plissait la peau rose et lisse de son front.

— Dans ce cas, Commissaire, je suis désolé pour vous. Pour vous tous...

— Et pourquoi donc ?

— Parce qu'il n'y a rien que vous puissiez faire. Pas plus que les habitants de la Lune ou de Vénus. Oh, ce n'est pas pour aujourd'hui, ni même pour dans un an ou deux... Peut-être attendrez-vous cinq ans, mais tôt ou tard, fatalement, vous serez contraints de revenir sur Terre. A moins...

Sankov fronça les sourcils.

— A moins ?

— A moins que vous ne trouviez ailleurs que sur Terre l'eau dont vous avez besoin.

— C'est peu probable, n'est-ce pas ? murmura Sankov en secouant la tête.

— Autant dire impossible.

— En dehors de cette hypothétique solution, croyez-vous qu'il nous reste une chance ?

— Pas la moindre.

Sur ces mots, Digby s'en fut. Après son départ, Sankov demeura un long moment sans rien faire et sans rien voir. Puis il composa un numéro.

Le visage de Ted Long apparut sur l'écran vidéo.

— Fiston, tu avais vu juste, annonça Sankov. Ils sont impuissants. Même nos amis ne voient pas d'issue. Comment avais-tu deviné ?

— Commissaire, lorsqu'on a lu tout ce qui était disponible sur les Evénements, en particulier sur le XXe siècle, la politique n'a plus de secret pour vous.

— Peut-être. Tout ce que je peux dire, c'est que

le sénateur Digby est désolé pour nous et même davantage, mais ça n'ira pas plus loin. Ou nous quittons Mars, ou nous allons chercher notre eau ailleurs, ce sont ses propres paroles. Sauf qu'il ne croit pas beaucoup à la seconde solution.

— Mais vous, Commissaire, vous y croyez ?

— J'hésite, fiston. Le risque est considérable.

— Si nous trouvons assez de volontaires, c'est notre affaire.

— Où en es-tu ?

— Ça se présente bien. J'ai quelques bonnes recrues, et notamment Mario Rioz. Vous savez que c'est un as.

— Justement, Ted. Ce sont nos meilleurs hommes qui partiront, et je ne voudrais pas...

— Si nous revenons, avouez que ça en vaut la peine !

— Si... ! Que ne fait-on avec des si...

— Sans risque, Commissaire, on n'obtient jamais rien.

— Tu as ma parole, Ted. Si la Terre refuse de nous aider, je veillerai à ce que le puits de Phobos vous laisse prendre toute l'eau nécessaire. Bonne chance.

★

Suspendu dans le vide à un million de kilomètres au-dessus de Saturne, Mario Rioz dormait paisiblement. Lorsqu'il émergea de son sommeil, objet céleste minuscule et solitaire, il se mit à compter les étoiles et l'espace d'un moment, traça entre elles des lignes imaginaires.

Au début, cela ressemblait à s'y méprendre à une nouvelle mission de Récupération, s'ils n'avaient eu le sentiment obsédant que chaque minute ajoutait plusieurs milliers de kilomètres à ceux qui les séparaient déjà de toute humanité. Leur solitude n'en était que plus pesante.

Ils avaient visé haut pour éviter l'écliptique dans laquelle se trouvait la Ceinture des Astéroïdes. Précaution sans doute superflue qui leur avait pompé pas mal d'eau. Sur un cliché en deux dimensions, ces dizaines de milliers de mondes minuscules donnent une impression de densité saisissante, et cependant, ils sont si largement éparpillés dans un quadrillon de kilomètres cubes que toute collision est impossible, à moins d'une invraisemblable coïncidence.

Ils décidèrent malgré tout de passer hors de l'écliptique et quelqu'un prit la peine de calculer les risques de collision avec tout fragment de matière assez gros pour provoquer des dégâts. Le pourcentage était tellement insignifiant que plus rien, désormais, n'empêchait la notion de « voltige spatiale » de faire son chemin dans l'esprit de l'un d'eux.

Le temps passait. Les jours s'ajoutaient aux jours. L'espace était vide et la plupart du temps, un homme seul suffisait pour manœuvrer chaque vaisseau. Peu à peu, la tentation se précisa.

Le premier qui osa s'aventurer dans l'espace pour plus de quinze minutes fut considéré comme un dangereux casse-cou. Puis un autre s'enhardit jusqu'à y rester une demi-heure. Finalement, les astéroïdes n'étaient pas encore dépassés que chaque vaisseau avait en permanence un veilleur suspendu dans le vide au bout de son câble.

Rien de plus facile. Les câbles, qui devaient servir à récupérer l'eau au terme du voyage, adhéraient magnétiquement et à la coque et à la combinaison.

Une fois sorti du sas, l'homme se tenait debout sur le flanc du vaisseau auquel il restait collé grâce à ses semelles magnétiques. Il lui suffisait ensuite de neutraliser celles-ci et de prendre un imperceptible élan.

Avec une irrésistible lenteur, il s'arrachait au vaisseau dont la masse énorme s'affaissait insensiblement. Débarrassé de la pesanteur, il flottait dans les ténèbres semées de lumières. Lorsque la distance qui le séparait du vaisseau s'était creusée, sa main gantée resserrait son étreinte autour du câble. Un soupçon trop fort et il dérivait vers le vaisseau qui dérivait vers lui. Juste ce qu'il fallait et la friction le retenait. Son mouvement étant alors équivalent à celui du vaisseau, celui-ci lui semblait aussi immobile en dessous de lui que s'il avait été peint contre un arrière-plan somptueux, et rien ne venait tendre le câble qui les reliait.

Pour qui le regardait de l'extérieur, seule une moitié du vaisseau était visible : celle que venaient frapper les rayons du lointain soleil, encore trop brillant malgré tout pour que l'œil nu puisse en soutenir l'éclat, sans la sévère protection du viseur polarisé dont était équipée la combinaison. L'autre moitié, plongée dans l'ombre, se fondait dans le noir environnant.

L'espace se refermait sur vous et une douce torpeur vous envahissait. Il faisait chaud à l'intérieur de la combinaison et l'air se renouvelait automatiquement. Placés dans des compartiments spéciaux à proximité de la bouche, nourriture et boisson étaient faciles à aspirer. On avait même prévu l'évacuation des déchets. Mais surtout, vous éprouviez la délicieuse sensation de ne rien peser.

Jamais vous ne vous étiez senti aussi euphorique.

Non seulement les jours ne traînaient plus en longueur, mais ils étaient trop courts. Et pas assez nombreux.

Ils avaient passé l'orbite de Jupiter à un point distant de quelque trente degrés de sa position. Pendant des mois, la planète demeura l'objet le plus lumineux de l'espace, à l'exception d'un petit pois d'une blancheur aveuglante : le Soleil. A l'apogée de sa lumière, certains Récupérateurs affirmaient pouvoir discerner la sphère minuscule qu'était devenue Jupiter, une face occultée par la nuit. Puis la planète s'effaça à son tour alors qu'un nouveau foyer de lumière naissait devant eux, dont l'éclat croissant éclipsa peu à peu Jupiter. Tout d'abord, Saturne ne fut qu'un point brillant autour duquel se forma progressivement un halo ovale.

(« Pourquoi ovale ? » demanda quelqu'un, ce à quoi il lui fut aussitôt répondu : « A cause des anneaux, bien sûr. » Bien sûr.)

Chacun saisissait la première occasion pour aller se balader dans l'espace, l'œil fixé sur l'objectif dont le câble permettait de se rapprocher encore, si peu que ce fût.

(« Hey, pignouf, ramène-toi en vitesse. Tu es de service. — De service, moi ? D'après ma montre, il me reste encore un quart d'heure. — Primo, tu l'as fait retarder, ta montre, et secundo, hier je t'ai laissé vingt minutes de rab. — Tu parles ! Même à ta grand-mère, tu lui en donnerais pas deux ! — Tu te ramènes, oui ? Ou je vais te chercher. — C'est bon, j'arrive. Seigneur, que de raffut pour une malheureuse minute. » Impossible, cependant de s'engueuler pour de bon. Pas dans l'espace. On s'y sent trop bien.)

Saturne grandit tellement qu'elle finit par rivaliser

avec le Soleil et ne tarda pas à le surpasser. Disposés à un angle obtus par rapport à leur trajectoire d'approche, les anneaux presque entièrement visibles décrivaient autour de Saturne un cercle de plus en plus vaste. Plus la distance diminuait, plus leur orbite s'élargissait pour se rétrécir au fur et à mesure que décroissait l'angle d'approche du vaisseau.

Les grosses lunes apparurent, criblant le ciel comme autant de lucioles.

Tout content d'être à nouveau réveillé, Mario Rioz regardait de tous ses yeux. Zébré d'orange, Saturne emplissait la moitié du ciel. La nuit en dissimulait près d'un quartier et les ombres des lunes dessinaient deux petites taches rondes sur la partie éclairée. Derrière lui, sur sa gauche, (chaque fois qu'il jetait un coup d'œil par-dessus son épaule, le reste de son corps se déplaçait légèrement sur la droite pour conserver la vitesse angulaire) le Soleil était pareil à un diamant blanc.

Mais par-dessus tout, c'était les anneaux qu'il ne se lassait pas d'admirer. A gauche, ils émergeaient de derrière Saturne en trois bandes de lumière orange. A droite, leur amorce était plongée dans la nuit mais elles surgissaient plus loin, s'élargissaient, telles des cornes qui s'épanouissent, devenaient brumeuses à mesure qu'elles s'éloignaient de la planète puis, tandis que l'œil en suivait la courbe, envahissaient le ciel dans lequel elles se fondaient.

La flottille s'arrêta à l'extrême bord de l'anneau extérieur qui révéla aux Récupérateurs sa véritable nature. Ce qu'ils avaient sous les yeux n'était plus une traînée de lumière lisse et dense mais un formidable amalgame de gros blocs de matière. Mario en distinguait un juste en dessous de lui, ou plutôt dans la direction que lui indiquaient ses pieds, distant d'une trentaine de kilomètres, à peine. On eût dit une énorme masse colorée de forme irrégulière partagée par l'ombre et la lumière en deux tranches asymétriques. D'autres fragments flottaient plus loin, brillants comme de la poussière d'étoiles. Un rien plus sombre et plus épais, ils semblaient se rejoindre plus bas pour former l'anneau.

Tous semblaient immobiles, mais ce n'était qu'une illusion : les vaisseaux s'étaient mis en orbite autour de Saturne ; entraînés par sa rotation, ils se déplaçaient à la même vitesse que les anneaux.

La veille, Mario s'était posé sur le bloc le plus rapproché. Avec ses camarades, il avait travaillé à modeler la masse pour lui imprimer la forme voulue. Il devait y retourner le lendemain.

Aujourd'hui, il se livrait à son passe-temps favori — la voltige spatiale.

— Mario ?

Sa première réaction, lorsque la voix résonna dans ses écouteurs, fut d'agacement. Il se sentait bien et n'avait aucune envie de parler.

— J'écoute, dit-il, maussade.

— Il me semblait bien avoir repéré votre vaisseau. Comment ça se présente ?

— Pas mal. C'est vous, Long ?

— C'est moi.

— Quelque chose ne va pas ?

— Rien. Je fais comme vous : je flotte...

— Sans blague ?

— Oui, ça me prend de temps en temps. Merveilleux, n'est-ce pas ?

— Très agréable, en effet.

— Vous savez, j'ai lu les livres des Terriens...

— Des Rampants, vous voulez dire.

Rioz étouffa un bâillement. Les circonstances se

prêtaient mal à la polémique ; sa riposte manquait de mordant.

— ... Et je me souviens de certaines descriptions de gens couchés dans l'herbe. Vous savez, ce truc vert, semblable à de longs filaments de papier, qui recouvre le sol de leur planète. Ils restent allongés, le regard perdu dans le ciel bleu où filent des nuages. Vous avez sans doute vu des films là-dessus ?

— Ouais. Ça ne me tente pas. On doit geler.

— Ça m'étonnerait. Après tout, la Terre est beaucoup plus proche du Soleil. Il paraît que leur atmosphère est assez dense pour retenir la chaleur. Personnellement, je dois dire que ça ne me dirait rien d'être ainsi à ciel ouvert, sans autre protection que quelques vêtements. Et cependant, ils semblent y prendre beaucoup de plaisir.

— Les Rampants sont tous cinglés !

— Ils parlent des arbres, de grosses tiges brunes, et du vent. Savez-vous ce qu'est le vent ? De l'air en mouvement.

— Des courants d'air, autrement dit. Ils peuvent se les garder, comme le reste.

— Là n'est pas la question, Mario. Mais ils ont pour décrire ces choses un enthousiasme proche de la passion. Souvent, je me suis demandé : A quoi cela ressemble-t-il ? Serais-je capable de ressentir la même émotion ou bien est-elle le privilège des Terriens ? Il me semblait alors qu'il me manquait quelque chose de vital. A présent, je sais ce que c'est : l'équivalent de la paix infinie que nous ressentons en ce moment, au milieu des beautés de l'Univers.

— Aux Terriens, ça ne leur ferait ni chaud ni froid. Ils sont tellement habitués à leur petit monde mesquin. Flotter dans l'espace en regardant Saturne, ils n'apprécieraient pas.

Son corps se raidit et lentement, mollement, se balança d'avant en arrière autour de son centre de gravité.

— Vous avez sans doute raison, reprit Long. Ils sont esclaves de leur planète. Même s'ils venaient s'installer sur Mars, il faudrait bien une génération pour les libérer. Plus tard, d'immenses vaisseaux capables de transporter des milliers de gens et de tenir l'espace pendant des dizaines d'années, voire des siècles permettront à l'Humanité d'essaimer dans toute la Galaxie. Mais en attendant que se développent de nouvelles méthodes de voyages interstellaires, ces pionniers devront passer leur vie entière à bord des vaisseaux. Les Terriens sont trop enracinés à leur planète et ce sera aux Martiens que reviendra la tâche exaltante de coloniser l'Univers. Il ne peut en être autrement. C'est la voie martienne.

Mais Rioz ne répondit pas. Doucement bercé, il s'était laissé dériver vers le sommeil, là-haut, à un demi-million de kilomètres au-dessus de Saturne.

★

Légèreté, paix, solitude, tous les charmes de la voltige spatiale le cédait à quelque chose qui n'avait plus rien de paisible ou de solitaire. Et si la légèreté demeurait, elle évoquait plus dans ces nouvelles conditions le purgatoire que le paradis. Essayez donc de manipuler un chalumeau haut de six pieds, large en proportion et presque entièrement fait de métal solide. Pour nos Récupérateurs, rien de plus facile : il ne pesait pas plus lourd qu'une plume. Mais son inertie, elle, était exactement la même, si bien qu'il fallait le soulever avec une infinie douceur au risque d'être entraîné avec lui. Il vous restait alors à annuler le champ de pseudo-grav de votre combinaison et à vous recevoir en souplesse.

Keralsky avait procédé trop brusquement et s'était reçu avec un rien de dureté tandis que le chalumeau lui arrivait dessus à un angle inquiétant. Sa cheville écrasée avait été le premier accident de l'expédition.

Rioz transpirait à grosses gouttes dans sa combinaison. D'un geste instinctif, il continuait de vouloir s'essuyer le front d'un revers de la main et chaque fois qu'il avait cédé à cette impulsion bien inutile, le fracas du gant métallique heurtant le silicone s'était répandu à l'intérieur de son casque. Les dessiccateurs intégrés à la combinaison fonctionnaient à leur maximum d'absorption, recueillant la sueur qu'ils restituaient dans le compartiment adéquat sous forme d'un liquide salé au dosage minutieux.

— Nom de Dieu, Dick, attends que je te donne le signal, compris ? hurla Rioz.

La voix de Swenson résonna dans ses tympans.

— Tu comptes me faire poireauter encore longtemps ?

— Je te préviendrai.

Il renforça le champ de pseudo-grav et souleva légèrement le chalumeau. Après s'être assuré que celui-ci ne bougerait pas même s'il n'était plus soutenu, il relâcha le champ et d'un coup de pied écarta le câble (il se prolongeait au-delà de l'« horizon » immédiat jusqu'à une source d'énergie située hors du champ de vision).

A l'endroit visé, la matière qui composait le fragment se mit à bouillonner et se désintégra. Déjà, une énorme brèche avait été creusée dans le bloc ; afin que les arêtes en fussent régulières, Rioz s'efforçait d'en gommer les dernières aspérités.

— Ça y est ! cria-t-il. Avance !

Swenson se trouvait aux commandes du vaisseau qui bourdonnait juste au-dessus de la tête de Rioz.

— La voix est libre ? demanda-t-il.

— Puisque je te dis d'y aller !

Un mince jet de vapeur s'échappa d'une tuyère avant. Le vaisseau amorça sa descente vers le fragment. Comme il menaçait de dériver latéralement, un autre jet en redressa la trajectoire.

Un troisième l'immobilisa presque.

Rioz ne le quittait pas des yeux.

— Avance encore. Encore. Attention !

L'arrière du vaisseau pénétra dans la cavité qu'il combla presque entièrement. La coque ventrue se rapprocha des parois jusqu'à les toucher puis s'arrêta, avec une intense vibration.

— Ça ne colle pas ! tempêta Swenson.

De colère, Rioz jeta le chalumeau et bondit dans l'espace. Le chalumeau souleva un nuage de poussière cristalline et Rioz en fit autant lorsqu'il retomba sous le champ de pseudo-grav.

— Tu es entré de biais, Rampant que tu es !

— Je suis entré comme il fallait, espèce de culterreux !

Les réacteurs arrière crachaient avec violence et Rioz sauta de côté. Jaillissant de la cavité, le vaisseau fit une embardée de près d'un kilomètre à reculons avant que les réacteurs ne parviennent à l'immobiliser.

— Encore un coup comme celui-là et nous bousillons une demi-douzaine de plaques, lança Swenson hargneux. Arrange-moi ce trou, veux-tu ?

— T'occupe pas. Contente-toi d'entrer droit, vu ?

Rioz prit son élan et se hissa à quelque cinq cents mètres au-dessus de la cavité pour en avoir une vue plongeante. A mi-chemin de l'excavation, il distingua les entailles pratiquées par le vaisseau. Là était le hic.

Il redescendit et mit en marche son chalumeau.

Une fois le vaisseau blotti dans la cavité, Swenson revêtit sa combinaison et vint rejoindre Rioz.

— Si tu as envie de monter à bord et de te débarrasser de ton harnachement, te gêne pas. Je me charge du glaçage.

— T'en fais pas. Je vais me poser là et regarder Saturne.

Il s'assit à l'extrême bord de la cavité. A cet endroit-là, il restait un vide de plusieurs mètres entre ses parois et celles du vaisseau. Ailleurs, l'écart se réduisait à quelques dizaines de centimètres, plus loin il était infime. C'était ce vide qu'il s'agissait de combler en y injectant de la glace qu'on laisserait ensuite se ressouder.

On voyait Saturne se déplacer dans le ciel. Sa masse énorme s'abîmait derrière l'horizon.

— Combien reste-t-il de vaisseaux à mettre en place ? demanda Rioz.

— Aux dernières nouvelles, onze, répondit Swenson. Avec nous, reste dix. Sur ceux qui sont déjà amarrés, sept sont pris dans la glace. Deux ou trois n'ont pas tenu.

— On avance vite.

— Il reste encore beaucoup à faire. Tout l'autre côté. Et les câbles ! Et les conduits énergétiques ! Je me demande parfois si nous en verrons le bout. A l'aller, ça ne me tracassait pas outre mesure mais tout à l'heure, assis aux commandes, je me disais : Jamais on n'y arrivera. On va se retrouver coincés ici à crever de faim avec Saturne pour seule compagnie. Dans ces moments-là, je me sens...

Le regard fixe, il laissa sa phrase en suspens.

— Tu rumines trop, mon vieux.

— Pour toi, c'est différent, riposta Swenson. Moi, je ne peux m'empêcher de penser à Pete... et à Dora.

— Pourquoi ? Elle t'a bien laissé partir, non ? Le Commissaire y est allé de son couplet patriotique, et comment tu deviendrais un héros et resterais peinard jusqu'à la fin de tes jours... et elle t'a laissé filer. Tu ne t'es pas tiré en douce comme Adams.

— Adams, c'est autre chose. Sa bonne femme, on aurait dû l'assommer à la naissance. C'est ce genre de garce qui peut faire de ta vie un enfer. Elle refusait de le laisser partir, mais elle préférerait sûrement qu'il y reste et toucher sa retraite.

— Qu'est-ce qui te chiffonne, alors ? Dora t'attend avec impatience, j'imagine ?

— J'ai jamais été chic avec elle, murmura Swenson.

— Tu lui refiles ton salaire, en tout cas. C'est pas moi qui ferais ça pour une femme. Donnant, donnant, pas un sou de plus.

— L'argent n'est pas la question. J'ai beaucoup réfléchi depuis notre départ. Une femme n'est pas faite pour rester seule. Un gosse a besoin de son père. Qu'est-ce que je fous ici, je me le demande !

— Tu te prépares à rentrer.

— Ah, tu ne comprends pas !

★

Ted Long déambulait sur la surface rugueuse du fragment, le cœur aussi transi que le sol qu'il foulait. Sur Mars, tout lui avait semblé d'une logique irréfutable. Sur Mars. Il se souvenait encorc du soin, de la méthode qu'il avait apportés à la résolution de chaque problème. Il n'y avait pas une faille dans son raisonnement.

Pour mouvoir un vaisseau d'une tonne, il faut beaucoup moins d'une tonne d'eau. Les masses ne sont pas égales ; par contre, le rapport vitesse/temps/masse est une constante. En d'autres termes, que vous expulsiez une tonne d'eau à deux kilomètres/seconde ou cent kilos d'eau à vingt kilomètres/seconde, cela ne fait aucune différence. Au bout du compte, votre vaisseau se déplacera à la même vitesse.

Les tuyères, par conséquent, devraient être plus étroites et la vapeur plus chaude. On tombait alors sur un os. Plus les tuyères sont étroites, plus on perd de l'énergie en friction et en turbulence. Plus la vapeur est chaude, plus la tuyère doit être réfractaire et plus vite elle s'use. On est vite bloqué.

Puisqu'un poids donné d'eau permettait de mouvoir considérablement plus que ce propre poids avec le système des tuyères amincies, autant être lourd. Plus le réservoir était vaste, plus vaste la cabine, toute proportion gardée. Ils avaient mis en chantier d'énormes vaisseaux, plus lourds qu'aucun de ceux que l'homme eût jamais pilotés. Mais plus la coque est volumineuse, plus lourds les câbles tendeurs, difficile la soudure, et rigoureuses les spécifications techniques. A nouveau, c'était l'impasse.

A ce stade de son raisonnement, il avait mis le doigt sur ce qui lui était apparu comme le défaut fondamental : de toute éternité, on avait placé le carburant à *l'intérieur* du vaisseau ; autrement dit, les coques étaient conçues pour enfermer un million de tonnes d'eau.

Pourquoi ? L'eau ne devait pas forcément se présenter sous forme liquide. Ce pouvait être de la glace. Et la glace, elle, on pouvait la modeler. Y forer des trous où on logerait câbles et réacteurs, étroitement soudés ensemble grâce à des agrafes magnétiques.

Long sentit le sol trembler sous ses pas. Il était arrivé à l'extrême bord du fragment. Une douzaine de vaisseaux jaillissaient hors des brèches creusées dans sa masse ou s'y engouffraient et le bloc frémissait sous l'impact permanent.

Une chance qu'il n'ait pas fallu débiter la glace. Elle existait, à l'état presque pur, sous la forme des énormes morceaux qui constituaient les anneaux de Saturne. Ainsi en avait décidé la spectroscopie, et c'était vrai. Le morceau sur lequel il se trouvait, par exemple, long de trois kilomètres et épais de deux, représentait à lui seul un milliard de tonnes d'eau. Mais les difficultés étaient loin d'être résolues. Il n'avait jamais dit à ses hommes en combien de temps il avait pensé transformer ce bloc en vaisseau prêt à foncer sur Mars. Or, ses prévisions étaient déjà largement dépassées et Long n'osait même pas se demander combien de jours il faudrait encore. Parfois, le doute l'assaillait. Et s'ils s'étaient attelés à une tâche impossible ? Parviendrait-on à diriger les réacteurs pour leur faire traverser trois kilomètres de glace qu'il fallait soustraire à l'attraction de Saturne ?

Les réserves d'eau potable baissaient, mais il leur resterait toujours la possibilité de distiller un peu de glace. L'état des vivres lui donnait davantage de souci.

Il s'arrêta, tête levée, et ses yeux fouillèrent le ciel. L'objet était-il en train de *grossir ?* Il devrait en calculer la distance, ne serait-ce que pour en avoir le cœur net. Mais le courage lui manquait d'ajouter un nouveau problème à ceux qui s'accumulaient. Chassant ces craintes, il revint à des préoccupations plus immédiates.

Heureusement, les hommes avaient bon moral. Premiers hommes à s'être aventurés aussi loin, au-delà des Astéroïdes, à avoir vu Jupiter décroître aux dimensions d'un caillou étincelant et Saturne envahir le ciel, ils en concevaient une grande joie et une grande fierté. Jamais Long n'aurait cru ces cinquante chasseurs d'épaves, habitués à bourlinguer dans l'espace, capables de ressentir un tel enthousiasme. Et pourtant...

Comme il marchait, deux silhouettes et un vaisseau à demi enseveli montèrent à l'horizon tout proche.

— Qui va là ? demanda-t-il d'une voix ferme.

— C'est vous, Long ?

Il reconnut Rioz.

— Oui. Dick est avec vous ?

— Mmm. Venez donc un peu vous poser par ici. On est sur le point de boucler les vides et on cherche un prétexte pour ne pas s'y mettre tout de suite.

— Absurde ! lança Swenson. Quand rentrons-nous, Ted ?

— Quand nous serons prêts. Ma réponse laisse à désirer, n'est-ce pas ?

— Je devrai m'en contenter, j'imagine, marmonna Swenson.

Levant le nez, Long fixa les yeux sur la tache de couleur irrégulière.

Rioz suivit son regard.

— Inquiet ?

L'espace d'un moment, Long ne dit rien. Comme

une poussière orangée, les fragments d'anneaux se détachaient sur le noir du ciel. Là-bas, un vaisseau se découpa contre l'arête du fragment et fila dans le ciel où il accrocha le reflet orangé de la planète avant de disparaître à nouveau.

— C'est l'Ombre qui vous tourmente ? insista Rioz.

Ils l'avaient baptisé ainsi. C'était le fragment le plus proche et la distance qui les en séparait devait être modeste puisqu'ils se trouvaient sur la circonférence extérieure des anneaux, moins dense. Une trentaine de kilomètres, tout au plus, et on en distinguait parfaitement les contours déchiquetés.

— Qu'est-ce que vous en pensez ? demanda Long.

Rioz haussa les épaules.

— Il n'a rien d'extraordinaire.

— Vous ne trouvez pas qu'il grossit ?

— Pourquoi grossirait-il ?

— Regardez donc.

Rioz et Swenson l'observèrent un long moment.

— En effet, on dirait qu'il grossit, finit par dire Swenson.

— C'est vous, Long, qui nous avez collé cette idée dans le crâne, fit observer Rioz. S'il grossissait, cela voudrait dire qu'il se rapproche.

— Ces trucs ont une orbite stable.

— Oui, avant notre arrivée, dit Long. Tenez, vous avez senti ?

Un nouveau tremblement venait d'ébranler le sol.

— Voilà une semaine que nous défonçons ce fragment. Vingt-cinq vaisseaux se sont posés dessus et sa vitesse a dû s'en trouver modifiée. Sans compter les morceaux que nous avons fait sauter, ceux que nous avons fondus, les allées et venues de vaisseaux qui en sortent et y pénètrent... en une semaine, nous avons pu le faire dévier, même légèrement, de son orbite. Et si les deux fragments, celui sur lequel nous nous trouvons et l'Ombre, venaient à percuter !

— Ce n'est pourtant pas la place qui manque, grommela Rioz en surveillant l'Ombre du coin de l'œil. D'ailleurs, si nous ne pouvons même pas affirmer qu'il grossit en le regardant, à quelle vitesse peut-il se déplacer, je veux dire par rapport à nous ?

— Il n'a pas besoin d'aller vite. Sa force d'impulsion est aussi importante que la nôtre, de sorte que s'il nous percute, nous sortirons de l'orbite. Pour aller où ? Au pire, vers Saturne. En fait, la glace a un taux d'élasticité presque nul et il se peut que les deux fragments volent en éclats.

Swenson sauta sur ses pieds.

— Mince, si je peux déterminer la vitesse d'une coquille qui se balade à plus d'un millier de kilomètres, je peux dire ce que fait une montagne à vingt bornes. (Tournant les talons, il se hâta en direction du vaisseau.)

Long ne fit rien pour l'arrêter.

— Celui-là, il ne tient pas en place, remarqua Rioz.

L'Ombre atteignit son zénith, passa juste au-dessus de leurs têtes, déclina, se « coucha ». Vingt minutes plus tard, l'horizon opposé s'enflammait à nouveau : le fragment se « levait » une fois de plus.

— Eh, Dick, lança Rioz dans sa radio, tu es mort ou quoi ?

— Je vérifie, marmonna Swenson.

— Alors ? demanda Long.

— Il avance, en effet.

— Vers nous ?

Silence. Puis, d'une voix émue :

— Droit sur nous, Ted. L'intersection des orbites aura lieu dans trois jours.

— C'est de la folie ! s'exclama Rioz.

— J'ai vérifié quatre fois.

« Seigneur, qu'allons-nous faire ? » se demanda Long.

★

Plusieurs hommes avaient eu des problèmes avec les câbles. Ceux-ci devaient être posés avec une extrême précision, une rigueur quasi géométrique, afin que le champ magnétique déployât toute sa force. Dans l'espace, dans l'air, même, c'est différent. Une fois traversés par le jus, ils se seraient alignés automatiquement. Ici, il en allait tout autrement. Les câbles étaient nichés dans un sillon creusé à la surface du fragment. La moindre erreur dans leur alignement et le bloc entier serait soumis à une torsion entraînant une perte d'énergie bien inutile, sans compter qu'il faudrait reprendre l'opération depuis le début.

Les hommes s'escrimaient depuis des heures quand leur parvint l'ordre impératif de Long.

— Tout le monde aux réacteurs !

Il y eut des grognements. Les Récupérateurs n'appréciaient guère la discipline et c'est avec une mauvaise grâce évidente qu'ils se mirent à démonter les réacteurs des vaisseaux demeurés intacts afin de les transporter à l'autre bout du fragment et de les enfouir dans le sillon.

Vingt-quatre heures plus tard environ, l'un d'eux regarda le ciel et s'écria, « Nom de Dieu... ! ». Inutile d'imprimer les mots que l'émotion lui arracha ensuite.

Son voisin leva le nez à son tour. « Mince, alors ! » s'exclama-t-il plus sobrement.

Tous les regards convergèrent sur l'Ombre. Elle était devenue le phénomène le plus époustouflant de l'Univers. Sa masse se répandait à travers le ciel comme une gangrène. Effarés, les hommes constataient qu'elle avait doublé de volume et se demandaient comment ils avaient pu ne pas s'en apercevoir plus tôt.

Le travail cessa presque entièrement. Assailli de questions, Ted Long fit le point de la situation.

— Nous sommes bloqués, annonça-t-il. Nous n'avons plus assez de carburant pour regagner Mars et le matériel nous manque pour capturer un autre fragment. Conclusion : nous restons. Et voilà que l'Ombre s'amène droit sur nous parce que nos explosions ont fait dévier notre fragment de son orbite. Il faut donc continuer les explosions, mais en nous attaquant à l'autre bout car nous ne pouvons plus toucher à celui-ci sans mettre en péril le vaisseau que nous sommes en train de construire.

Avec une ardeur accrue, ils se mirent au travail sur les réacteurs, redoublant d'efforts chaque fois que l'Ombre se levait à l'horizon, plus grosse, plus inquiétante.

Long n'était même pas assuré du succès. Même si les réacteurs obéissaient aux lointaines commandes, même si l'eau nécessaire à la manœuvre, emmagasinée dans un réservoir donnant directement à l'intérieur du bloc de glace avec des projecteurs calorifiques qui l'injectaient dans les moteurs sous forme de jets de vapeur, restait en quantité suffisante, rien ne disait que le fragment ne se disloquerait pas en l'absence d'un câble magnétique protecteur.

La radio apporta enfin le mot que Long attendait :

— Prêts !

— Prêt ! répondit-il.

Il mit le contact. Les vibrations s'intensifièrent. Le champ des étoiles trembla dans l'écran de vision. Du coin de l'œil, Long consulta l'écran arrière. Son regard accrocha le reflet étincelant de la masse cristalline en mouvement. Un cri lui parvint : « Elle explose ! »

Les explosions continuèrent. Long n'osait pas arrêter. Pendant six heures, malgré les commotions, bouillonnements, déflagrations, l'énorme masse se convertit en vapeur et s'arracha à son orbite.

L'Ombre se rapprocha. Fascinés, les hommes ne quittaient plus des yeux cette montagne qui obstruait le ciel, plus spectaculaire encore que Saturne. On distinguait ses creux, ses aspérités, ses vallons. Enfin, elle franchit l'orbite de leur fragment qu'elle croisa à plus d'un kilomètre de sa nouvelle position.

Les réacteurs cessèrent de cracher.

Long se renversa dans son siège et se passa la main sur les yeux. Depuis deux jours, il n'avait rien avalé. Le moment était venu de reprendre des forces. Aucun fragment n'était assez proche désormais pour les menacer.

De retour sur le fragment, les commentaires allaient bon train.

— Je gardais les yeux fixés sur ce bon Dieu de caillou et je me répétais, c'est pas possible, on va pas le laisser nous écrabouiller, disait Swenson.

— On avait tous les jetons, déclara Rioz. Si tu avais vu Jim Davis. Vert, qu'il était. Je dois dire que je n'en menais pas large non plus.

— Ce n'était pas seulement la peur de mourir, reprit Swenson. Je me disais — c'est idiot, je sais, mais c'était plus fort que moi — je me disais, si tu y restes, Dora n'a pas fini de t'en faire baver. Bizarre, non ?

— Ecoute, mon vieux, tu as voulu te marier, tu t'es marié. Pourquoi venir pleurer dans mon giron ?

★

Soudée en une seule unité, la flotte cinglait vers Mars. Chaque jour, elle franchissait une distance qu'il lui avait fallu neuf jours jour grignoter à l'aller. Sur ordre de Long, l'équipage au complet était mobilisé. Avec ces vingt-cinq vaisseaux incrustés dans l'énorme iceberg qu'ils avaient arraché à l'anneau de Saturne, incapables de toute autonomie, il fallait résoudre le délicat problème de la coordination énergétique.

Le premier jour, les secousses dues au démarrage et à l'accélération les avaient tous rendus malades. Le lendemain, ils atteignaient déjà cent mille kilomètres/heure et depuis, leur vitesse n'avait cessé de croître, atteignant, puis dépassant le million de kilomètres/heure.

Le vaisseau de Long, qui constituait la proue de ce vaisseau paralysé, avait seul une vue dégagée. Etant donné les circonstances, ce n'était pas une mince responsabilité et Long surveillait sans cesse l'écran, s'imaginant parfois que les étoiles allaient se mettre à défiler à toute allure sous l'influence de leur fantastique vitesse.

Il rêvait, bien sûr. Quelle que soit la performance réalisée par l'homme, les étoiles demeurent clouées sur le velours noir du ciel, figées dans leur superbe immobilité.

Quelques jours plus tard, les plaintes fusaient de

toute part. Non seulement les hommes se voyaient privés de la voltige spatiale, mais rien n'était épuisant comme l'accélération constante à laquelle ils étaient soumis, la pression accrue du champ de pseudo-grav. Long lui-même n'en pouvait plus de cette poigne de fer qui le rivait aux coussins hydrauliques.

Il y avait plus d'un an qu'ils avaient vu décroître Mars dans la baie d'observation. Qu'était devenue la petite colonie depuis leur départ ?

Sous l'impulsion d'une panique grandissante, Long utilisa la puissance combinée des vingt-cinq unités et lança ses premiers messages sans obtenir de réponse. Il n'en fut pas surpris outre mesure. Mars et Saturne se trouvaient pour l'instant de part et d'autre du Soleil et tant qu'il ne l'aurait pas laissé loin au-dessous d'eux, ses interférences empêcheraient toute circulation des ondes.

A pleine vitesse, ils franchirent la Ceinture des Astéroïdes. Après un emballement final du premier réacteur latéral, l'immense vaisseau amorça la phase de décélération.

Ils passèrent à une centaine de millions de kilomètres au-dessus du Soleil et leur trajectoire s'infléchit pour couper l'orbite de Mars.

A une semaine de l'arrivée leur parvint la première réponse, fragmentaire, déformée, incompréhensible. Mais d'où ils se trouvaient, elle ne pouvait émaner que de Mars — Vénus et la Terre étant situées à des angles trop différents.

Long respira. Il y avait encore des êtres humains sur Mars, c'était déjà ça.

Cinq jours plus tard, Long entendit la voix de Sankov, parfaitement audible, qui bougonnait :

— Alors, fiston ? Figurez-vous qu'il est 3 heures

du matin, ici. Vous n'avez pas honte de tirer un vieillard de son lit ?

— Toutes mes excuses, monsieur.

— N'y pensez plus. Ils n'ont fait qu'obéir aux ordres. J'ose à peine vous le demander... Y a-t-il des blessés ? Des morts ?

— Tous indemnes, monsieur.

— Et l'eau ? Il en reste ?

— Suffisamment, dit Long avec une nonchalance affectée.

— Dans ce cas, rentrez le plus vite possible, sans toutefois prendre de risques.

— Des problèmes ?

— Quelques-uns, naturellement. Quand serez-vous là ?

— Dans deux jours. Vous pourrez tenir jusque-là ?

— On tiendra.

Quarante heures plus tard, Mars avait pris le volume d'une grosse orange sanguine qui bouchait les hublots. Ils entrèrent dans la spirale d'atterrissage.

« En douceur », se répétait Long. « En douceur. »

Avec la masse qu'il traînait, même la mince atmosphère martienne pourrait être meurtrière s'ils la traversaient trop vite.

Puisqu'ils prenaient l'écliptique par le haut, leur spirale devrait se dérouler du nord au sud. La tache blanche de la calotte du pôle Nord émergea d'abord, puis celle, plus petite, de l'hémisphère chaud. Les deux calottes alternaient : la grande, la petite, la grande, la petite, à intervalles de plus en plus longs à mesure qu'ils se rapprochaient de Mars. Les équipages finirent par distinguer le relief de la planète. Long lança alors un dernier ordre :

— Préparez-vous pour l'atterrissage !

★

Sankov s'efforçait de paraître calme, ce qui n'était pas si facile compte tenu du fait qu'on avait frôlé la catastrophe, mais en fin de compte, tout s'était bien passé.

Jusqu'à ces derniers jours, il n'avait même pas la certitude qu'un seul d'entre eux eût survécu. Tout, au contraire, l'incitait à se les représenter à l'état de cadavres gelés, perdus dans l'immensité qui sépare Mars de Saturne, nouveaux corps célestes dont toute vie avait à jamais disparu.

Depuis des semaines, il essuyait les assauts de la Commission. Ils insistaient pour que sa signature figure au bas de la Convention, histoire de sauvegarder les apparences : ainsi, la décision unilatérale se transformerait en traité, sur les termes duquel on serait mutuellement tombé d'accord. Sankov, cependant, ne nourrissait aucune illusion ; avec ou sans sa signature, ils feraient fi des apparences et cesseraient finalement les envols d'eau. A présent que l'élection de Hilder était dans la poche, ils pouvaient prendre le risque d'éveiller dans l'opinion une réaction de sympathie pour ces infortunés Martiens, « mis devant le fait accompli ».

Alors Sankov avait fait traîner en longueur les négociations, reculant toujours l'instant de rendre les armes. Sur ces entrefaites lui était parvenu le message de Long. Sankov, brusquement, s'était déclaré prêt à signer. Les papiers étalés devant lui, il avait tenu à faire une ultime déclaration face à la presse :

— Je vous ferais remarquer que nos importations d'eau en provenance de la Terre s'élèvent à un total de vingt millions de tonnes par an, chiffre qui est en diminution constante grâce à l'extension de notre réseau de canaux. Si je consens à signer ce « traité d'embargo », notre industrie se verra paralysée et toute possibilité d'extension nous sera interdite. Je me refuse à croire que la Terre veuille en arriver là.

En prononçant ces derniers mots, Sankov s'était tourné vers les Terriens. Il n'avait vu que visages fermés et regards durs. Déjà, Digby avait été remplacé et tous étaient contre lui.

— Vous avez dit et répété tout cela, avait fait observer, froidement, le président de la Commission.

— Sans doute, mais aujourd'hui je suis disposé à signer et je tiens à ce que les choses soient claires. La Terre est-elle ou non déterminée à nous mettre à genoux ?

— Bien sûr que non. La Terre tient seulement à conserver ses irremplaçables réserves d'eau.

— La Terre possède un quintillion et demi de tonnes d'eau, avait insisté Sankov.

— Nous ne pouvons tolérer le moindre gaspillage !

Et Sankov avait signé. La preuve était apportée aux yeux du monde : malgré ses formidables réserves, la Terre refusait de dépenser une seule goutte pour aider autrui.

Un jour et demi avait passé. Délégués et journalistes étaient rassemblés sous le dôme du spatioport. A travers les épaisses baies incurvées, on discernait l'aire d'atterrissage, désertique.

— Allons-nous attendre encore longtemps ? demanda le président de la Commission avec un rien d'agacement. Et d'ailleurs, qu'attendons-nous au juste ?

— Figurez-vous que certains de nos pilotes se sont aventurés au-delà de la ceinture des Astéroïdes ?

Le président ôta ses lunettes pour en essuyer les verres avec un mouchoir immaculé.

— Et... ils reviennent ?

— Mais oui.

Inquiet, l'autre haussa les sourcils en direction des rangs de la presse.

Dans une petite salle contiguë, une poignée de femmes et d'enfants s'étaient agglutinés devant une autre baie. Sankov recula afin de leur jeter un coup d'œil. Il eût de loin préféré être à leur côté pour partager leur angoisse et leur fierté. Comme eux, il avait attendu plus d'un an. Comme eux, il s'était dit mainte et mainte fois qu'ils avaient dû périr.

Soudain...

— Regardez ! s'écria-t-il, l'index pointé.

— Mince ! s'exclama, en écho, un journaliste. C'est un vaisseau !

Un brouhaha leur parvint de l'autre salle. On ne voyait encore qu'un point brillant, précédé d'un nuage blanc qui grossit rapidement et prit forme. Deux hachures zébraient le ciel, leur base oscillant d'avant en arrière. Le point alors se mua en une sorte de cylindre dont les aspérités réfléchissaient violemment la lumière du soleil. Avec la lenteur majestueuse caractéristique des vaisseaux de l'espace, il descendait. Un moment, il demeura comme suspendu au-dessus de ses jets de vapeur blanche, puis, avec un recul, les tonnes de matière s'affaissèrent tel un homme las se laissant tomber dans son fauteuil.

A l'intérieur du dôme, nul ne parlait. Femmes et enfants d'une part, journalistes et délégués de l'autre, tous demeuraient figés, les yeux écarquillés.

Les trains d'atterrissage se déployèrent, heurtèrent

le sol et s'enfoncèrent dans le bourbier caillouteux. Alors, le vaisseau s'immobilisa et les réacteurs s'éteignirent.

Le dôme, pourtant, demeurait silencieux. Et ce silence se prolongea longtemps.

Ensuite, chaussés de brodequins à clous et s'aidant de leurs pics à glace, des hommes descendirent le long des flancs de l'immense vaisseau, mètre après mètre, tels des moustiques accrochés à l'étincelante surface.

— Qu'est-ce que c'est ? demanda un des journalistes d'une voix enrouée.

— Un fragment de l'anneau de Saturne, expliqua Sankov en souriant. Nos pilotes l'ont transformé en vaisseau pour le ramener sur Mars. Figurez-vous que les anneaux de Saturne sont constitués de glace. (Dans un silence de mort, il ajouta :) En réalité, cet énorme vaisseau n'est qu'une montagne d'eau congelée. Sur Terre, elle ne tarderait pas à fondre ou à se fragmenter sous son propre poids. Rien de tel à craindre ici : la température de Mars est plus fraîche et moindre sa gravité.

» Nous ne manquerons plus jamais d'eau. Ce glaçon représente plus d'un kilomètre cube, l'équivalent de ce que la Terre nous fournirait en deux cents ans. Pour revenir de Saturne à toute vitesse — ils n'ont mis que cinq semaines — nos pilotes en ont utilisé un peu : une centaine de millions de tonnes. Cent millions de tonnes, un grain de sable dans cette montagne ! (Il se tourna vers les journalistes :) Vous me suivez ? (Ils suivaient, aucun doute là-dessus.) Alors, notez bien ceci. La Terre est ennuyée d'avoir à nous fournir de l'eau. Ses réserves, il est vrai, ne se montent qu'à un quintillion et demi de tonnes d'eau et l'on comprend qu'elle hésite à nous en céder une petite tonne. Ecrivez que les Martiens sont désolés pour la Terre et qu'ils ne souhaitent aucun mal à ses peuples. Comme preuve de notre bonne volonté, nous nous proposons même de leur vendre de l'eau. Des millions de tonnes d'eau pour un prix raisonnable. Dans dix ans, nous serons en mesure d'aller jusqu'à des kilomètres cubes. Que les Terriens cessent de s'inquiéter. Grâce aux Martiens, ils pourront désormais résoudre leur problème d'approvisionnement.

Le président de la Commission en avait assez entendu pour se douter de ce que lui réservait l'avenir. Du coin de l'œil, il voyait les journalistes ricaner en écrivant avec frénésie sous la dictée de Sankov. Il voyait déjà ce ricanement narquois se muer en un formidable éclat de rire quand les Terriens connaîtraient la réponse de Mars à leur campagne anti-gaspillage. Sous ses pas s'ouvrait déjà, noir et profond comme l'espace, l'abîme où allaient sombrer à jamais les ambitions politiques de John Hilder et de tous ceux qui s'étaient proclamés adversaires des vols spatiaux, au premier rang desquels il figurait.

Dans la salle voisine, Dora Swenson laissait éclater sa joie et Peter, qui avait grandi de plusieurs centimètres, trépignait en hurlant : « Papa ! Papa ! »

Richard Swenson venait de toucher le sol. Son visage apparaissait distinctement derrière l'écran de silicone. D'une démarche résolue, il s'avança vers le dôme.

— Jamais vu quelqu'un d'aussi impatient, marmonna Ted Long. Après tout, il y a peut-être du bon dans le mariage.

— Vous, j'ai l'impression que vous êtes resté trop longtemps dans l'espace ! s'exclama Rioz.

AH ! JEUNESSE...

Au premier jet de cailloux qui s'écrasa contre la vitre, le petit s'agita dans son sommeil. Au second, il ouvrit tout grands les yeux.

Il se dressa sur son séant. Il lui fallut plusieurs secondes pour identifier l'étrange décor qui l'entourait. Il n'était pas chez lui, bien sûr. Ce devait être la pleine campagne. Il faisait plus froid et par la fenêtre, il apercevait de la verdure.

— Moustique !

Un murmure, tout au plus. Rauque et pressant. Il bondit vers la fenêtre ouverte.

Moustique n'était pas son vrai nom, mais le nouveau copain rencontré la veille n'avait pas eu besoin de jeter un second coup d'œil sur sa silhouette malingre pour déclarer : « Toi, tu es Moustique. » Avant d'ajouter, « Moi, c'est Carotte. »

Lui non plus ne s'appelait pas Carotte, mais il suffisait de le regarder pour comprendre d'où provenait ce surnom. Tout de suite, ils s'étaient liés d'amitié, avec cet élan de spontanéité aveugle qui caractérise les jeunes enfants, au seuil de l'adolescence, à l'âge où les premiers symptômes de la maturité sont encore indécelables.

— Salut, Carotte ! s'écria Moustique avec un geste

de bienvenue tout en clignant des yeux pour chasser le sommeil.

— Chut ! répondit Carotte de la même voix basse et enrouée. Tu veux réveiller quelqu'un ?

A l'est, remarqua soudain Moustique, le soleil effleurait à peine la crête des collines. Les ombres floues s'allongeaient, l'herbe était encore humide.

— Qu'est-ce qui se passe ? demanda-t-il, plus doucement.

Mais sans rien ajouter, Carotte lui fit signe de le rejoindre.

A la hâte, Moustique enfila ses vêtements et s'aspergea d'eau tiède, ravi d'échapper à la toilette matinale.

Il se précipita dehors, laissant à l'air le soin de le sécher là où il n'était pas couvert tandis que l'herbe trempée de rosée lui mouillait la peau.

— Ne fais pas de bruit, surtout, dit Carotte. Si jamais M'man se réveillait, ou P'pa, ou ton père, ou même un des domestiques, je les entends d'ici : Veux-tu rentrer ou tu vas attraper la mort à te promener tout nu dans la rosée !

La voix, l'intonation, tout y était, et Moustique partit d'un éclat de rire. Carotte, décidément, était bien le roi des farceurs.

— Ça t'arrive souvent de te lever à cette heure-ci, Carotte ? demanda-t-il d'une voix vibrante d'admiration. Aussi tôt ? On dirait que le monde nous appartient, hein, Carotte ? On est vraiment seul, et tout ça. (Il se sentait flatté d'être admis à pénétrer dans cet univers secret.)

Carotte le gratifia d'un long regard oblique.

— Je suis debout depuis des heures, lança-t-il négligemment. Tu ne l'as pas entendu, la nuit dernière ?

— Entendu quoi ?

— Le tonnerre.

— Il y a eu un orage ? fit Moustique, étonné. (L'orage l'empêchait toujours de dormir.)

— Un orage, je ne crois pas. Mais un coup de tonnerre. Je l'ai entendu, et lorsque je suis allé à la fenêtre, j'ai vu qu'il ne pleuvait pas. Il y avait plein d'étoiles et le ciel virait au gris, là-bas, tu vois ce que je veux dire ?

Jamais Moustique n'avait vu le ciel virer au gris, pourtant il hocha la tête.

— Alors je me suis dit que j'allais aller voir.

Ils marchaient le long du bas-côté herbeux de la route cimentée qui scindait le paysage en deux tranches rigoureusement symétriques jusqu'aux lointaines collines où elle se perdait. Elle était si vieille que le père de Carotte lui-même était incapable de lui dire quand elle avait été construite. La surface en était vierge de toute fissure et de toute aspérité.

— Peux-tu garder un secret ? demanda Carotte.

— Et comment. Quel genre de secret ?

— Un secret, c'est tout. Je te le dirai peut-être, et peut-être pas. Je ne suis pas encore décidé.

Croisant une fougère, Carotte en détacha une longue tige flexible ; méticuleusement, il la débarrassa de ses folioles puis s'en servit comme d'un fouet. L'espace d'un moment, il chevaucha un fougueux coursier qui se cabrait et rongeait son frein sous sa poigne de fer. Bientôt, cependant, le jeu le lassa ; jetant au loin la tige, il refoula le coursier dans un coin de son imagination pour un usage ultérieur.

— Un cirque va venir s'installer par ici.

— C'est pas un secret, dit Moustique. Je le savais. Mon père me l'avait dit avant même qu'on arrive...

— Tu croyais que c'était ça mon secret ? Tu parles d'un secret ! Au cirque, tu y es déjà allé ?

— Ouais, bien sûr.

— Ça te plaît ?

— C'est ce que je préfère, parole !

A nouveau, Carotte le surveillait du coin de l'œil.

— T'as jamais eu envie de faire partie d'un cirque ? Je veux dire, pour de bon ?

Moustique réfléchit un instant.

— Je crois pas. Quand je serai grand, je serai astronome, comme mon père. C'est ce qu'il voudrait.

— Astronome ! Peuh ! fit Carotte.

Moustique sentit se refermer devant lui les portes de l'univers secret et l'astronomie s'en trouva reléguée au rancart des vieilles lunes.

— Un cirque, ce serait *tout de même* plus marrant, reprit-il, conciliant.

— Cause toujours.

— Pas du tout. Je suis sincère.

Carotte se fit plus explicite.

— Imagine que tu aies la possibilité de faire partie d'un cirque, là, maintenant. Que ferais-tu ?

— Eh bien, je...

— Tu vois ! (Carotte affecta un ricanement dédaigneux.)

Moustique était coincé.

— J'irais.

— Chiche.

— Mets-moi à l'épreuve.

D'un mouvement brusque, Carotte lui fit face, le visage tendu.

— Sérieusement ? Tu veux venir avec moi ?

— Venir avec toi ? (Moustique fit machine arrière.)

— J'ai trouvé un truc qui pourra nous aider à nous faire embaucher dans le cirque. Peut-être même qu'un jour, on aura notre cirque à nous. On deviendra les plus grandes étoiles du monde. Mais pour ça, il faut que tu viennes avec moi. Autrement — bof, je crois que j'arriverais à me débrouiller... Mais je me suis dit : Pourquoi ne pas donner sa chance à ce vieux Moustique ?

Un monde étrange et fascinant s'ouvrait devant lui.

— Formidable ! s'écria Moustique. Je marche. C'est quoi, dis, Carotte ? C'est quoi ?

— Devine. Qu'est-ce qui est le plus important dans un cirque ?

Moustique se creusa la tête. Il tenait tant à fournir la bonne réponse. Enfin, il se jeta à l'eau.

— Les acrobates ?

— Saperlipopette ! Je ne bougerais pas le petit doigt pour voir des acrobates.

— Alors, je ne sais pas.

— Les animaux, pardi ! Quelle est la meilleure attraction ? Celle qui attire le plus de monde ? Même sur les grandes pistes, les numéros d'animaux sont les plus chouettes.

— Tu crois... ?

— Tout le monde le croit. Demande-leur. De toute façon, ce matin j'en ai trouvé deux. Deux animaux.

— Et tu les as attrapés ?

— Ouais. Le voilà, mon secret. Tu vas le répéter ?

— Bien sûr que non.

— Okay. Je les ai mis dans la grange. Tu veux les voir ?

Ils avaient presque atteint la grange dont l'immense porte s'ouvrait sur un trou noir. Trop noir. Depuis le début, ils n'avaient jamais cessé de marcher dans cette direction. Moustique s'arrêta net.

— Ils sont gros ? demanda-t-il en s'efforçant de prendre un air détaché.

— Tu crois que je me serais amusé à les tripoter s'ils avaient été gros ? Ils ne peuvent pas te faire de mal, si c'est ce que tu veux savoir. Ils sont grands comme ça, pas plus. Je les ai bouclés dans la cage.

Ils avaient pénétré dans la grange et Moustique aperçut la grande cage, suspendue au plafond par un crochet. Elle était recouverte d'une bâche.

— Avant, on avait des oiseaux là-dedans, ou je ne sais quoi. Ils ne pourront pas s'échapper, c'est toujours ça. Amène-toi, on monte au grenier.

Ils gravirent l'escalier de bois. Lorsqu'ils furent arrivés au niveau de la cage, Carotte la fit basculer vers eux.

— On dirait qu'il y a un trou dans la toile, fit observer Moustique, l'index tendu.

Carotte fronça les sourcils.

— Qu'est-ce qui a bien pu faire ça ? (Il souleva la toile, regarda en dessous.) Ils sont toujours là, dit-il, soulagé.

— La toile a l'air brûlée, s'entêta Moustique.

— Alors, tu veux les voir, oui ou non ?

Lentement, Moustique acquiesça. En fin de compte, il n'était pas très chaud. Et s'ils...

Mais déjà, Carotte avait rejeté la bâche en arrière, exposant les bestioles. Il y en avait deux, comme promis. De pauvres petites choses, d'aspect franchement répugnant. Voyant qu'on soulevait la toile, elles s'agitèrent et vinrent se coller contre la paroi la plus proche des deux amis. Carotte avança vers eux un doigt prudent.

— Fais gaffe ! gémit Moustique.

— Ils sont inoffensifs, lui assura Carotte. Alors, tu en as déjà vu, des comme ça ?

— Jamais.

— Tu te rends compte ! Pour les avoir, un cirque sauterait sur l'occasion.

— Ils ne sont pas trop petits, pour un cirque ?

Carotte se renfrogna. Il lâcha la cage qui se balança d'avant en arrière, comme un pendule.

— Tu cherches à te défiler, ou quoi ?

— Moi ? Pas du tout. Je me demandais seulement...

— Ils ne sont pas trop petits, t'en fais pas. Pour l'instant, une seule chose me tracasse.

— Laquelle ?

— Ben, il faut que je les garde jusqu'à l'arrivée du cirque, non ? Et je ne sais pas comment les nourrir.

La cage se balançait toujours. Cramponnées aux barreaux, les deux chétives créatures adressaient à leurs geôliers des signes étranges et rapides — pour un peu, on les aurait crues douées d'intelligence.

★

Avec dignité, l'Astronome fit son entrée dans la salle à manger. Il se sentait vraiment dans la peau de l'hôte d'honneur.

— Où sont les petits ? demanda-t-il. Mon fils n'est pas dans sa chambre.

L'Industriel sourit.

— Ils sont sortis depuis des heures. Ecoutez, les femmes leur ont fait avaler leurs petits déjeuners il y a déjà un moment, alors ne vous faites pas de souci. La jeunesse, docteur, la jeunesse !

— La jeunesse ! répéta l'Astronome comme si ce mot l'accablait.

Ils prirent leur petit déjeuner en silence.

— Etes-vous certain qu'ils viendront ? demanda soudain l'Industriel. Tout semble tellement... *normal.*

— Ils viendront, dit l'Astronome.

Ce furent les seules paroles échangées.

Plus tard, l'Industriel posa une autre question.

— Pardonnez-moi, mais je ne vous imagine pas en train de monter un pareil canular. Vous leur avez vraiment parlé ?

— Comme je vous parle. Enfin, d'une certaine façon. Ils projettent des pensées.

— Je m'en doutais un peu, d'après la lettre. Comment font-ils ça, je me le demande...

— Je ne saurais le dire. Je leur ai demandé mais bien sûr, ils sont restés dans le vague. Ou peut-être n'ai-je pas bien compris. Il était question d'un projecteur qui force la concentration mentale et de l'attention conscience tant de la part de l'émetteur que du récepteur. Il s'est passé un certain temps avant que je comprenne qu'ils essayaient de projeter sur moi leurs pensées. Ces projecteurs mentaux feront peut-être partie de l'arsenal technologique qu'ils nous transmettront.

— Peut-être, dit l'Industriel, mais vous rendez-vous compte du bouleversement social que cela implique ? Un projecteur mental !

— Et pourquoi pas ? Un peu de changement ne nous ferait pas de mal.

— Je ne suis pas de cet avis.

— Seuls, les vieux redoutent le changement, riposta l'Astronome, et les espèces sont comme les gens : elles peuvent vieillir.

L'Industriel désigna la fenêtre ouverte.

— Regardez cette route. Elle fut construite avant guerre. Quand, je ne sais pas exactement. Mais elle est restée aussi neuve qu'au jour de son inauguration. Aujourd'hui, nous serions incapables de la reproduire. En ce temps-là, l'espèce était jeune, non ?

— En ce temps-là ? Oui ! Au moins, le changement ne leur faisait pas peur.

— C'est vrai. Et je le déplore. Où est la société d'avant-guerre ? Anéantie, docteur ! A quoi bon la jeunesse et le changement ? Notre situation est bien meilleure. Le monde pacifié va son petit bonhomme de chemin. L'espèce ne s'achemine nulle part mais après tout, il n'y a nulle part où aller. C'est *eux* qui l'ont prouvé. Ceux qui ont construit la route. J'aurai un entretien avec vos visiteurs, comme convenu. Mais je leur demanderai sans doute de repartir comme ils sont venus.

— Il est faux de dire que l'espèce ne s'achemine nulle part, répliqua sérieusement l'Astronome. Elle s'achemine vers sa destruction finale. A l'université où j'enseigne, le nombre d'étudiants décroît chaque année. On écrit moins de livres. On produit moins. Un vieillard assoupi au soleil coule des jours paisibles et immuables, mais chaque matin le rapproche malgré tout de sa mort.

— Hum ! dit l'Industriel.

— Non, ne changez pas de sujet. Ecoutez. Avant de vous écrire, je me suis renseigné sur votre position dans l'économie planétaire.

— Et vous m'avez trouvé solvable ? coupa l'Industriel avec un sourire.

— Ma foi, oui. Oh, vous plaisantiez... et cependant il y a du vrai dans votre question. Vous êtes moins solvable que votre père, lui-même moins solvable que ne l'était le sien. Votre fils aura peut-être cessé de l'être. La planète n'a même plus les moyens de subvenir aux besoins des quelques industries qui subsistent, si dérisoires soient-elles, comparées à celles d'avant-guerre. On en revient tout doucement à l'économie de village. A quand les cavernes ?

— Et selon vous, l'injection de connaissances technologiques toutes fraîches va remédier à cela ?

— Pas seulement les connaissances. Je dirais plutôt l'effet global du changement, de l'élargissement des horizons sur les mentalités. Ecoutez, monsieur, je vous ai choisi comme intermédiaire non seulement en raison de votre fortune et de vos relations dans les milieux officiels, mais parce que, chose rare de nos jours, vous avez la réputation de quelqu'un qui n'hésite pas à rompre avec la tradition. Nos peuples s'opposeront au changement, je le sais, et je compte sur vous pour savoir le leur faire accepter et veiller à ce que — à ce que...

— A ce que notre jeunesse reprenne goût à la vie ?

— Exactement.

— Avec des bombes atomiques ?

— Rien ne dit que la bombe atomique doive mettre un terme à la civilisation. Nos visiteurs avaient eux aussi leurs bombes atomiques, ou quel qu'en soit l'équivalent sur leur monde, et cependant, ils ont survécu. Parce qu'ils ont relevé la tête. Ne comprenez-vous pas ? Ce n'est pas la bombe elle-même qui a eu raison de nous, mais notre propre psychose. C'est peut-être notre dernière chance de remonter la pente.

— Dites-moi, ces visiteurs venus d'ailleurs, qu'exigent-ils en échange ?

L'Astronome hésita.

— Je vais être franc avec vous, dit-il. Ils viennent d'une planète plus dense. La nôtre est plus riche en atomes légers.

— Que veulent-ils ? Du magnésium ? De l'aluminium ?

— Non, monsieur. Du carbone et de l'hydrogène. Ils veulent du charbon et du pétrole.

— Vraiment ?

— Vous allez me demander pourquoi des créatures qui ont conquis l'espace et par conséquent l'énergie atomique auraient besoin de charbon et de pétrole, reprit l'Astronome, très vite. Eh bien, je n'en sais rien.

L'Industriel eut un sourire malicieux.

— Moi, je le sais. C'est encore la meilleure preuve de la véracité de votre histoire. A première vue, on pourrait croire que l'énergie atomique abolit l'usage du charbon et du pétrole. Mais en dehors de l'énergie produite par leur combustion et qui peut être remplacée, ils demeurent et demeureront toujours la matière première fondamentale de toute la chimie organique. Plastiques, teintures, produits pharmaceutiques, dissolvants. Sans eux, il n'y a pas d'industrie possible, même à l'âge atomique. Toutefois, si le prix à payer en échange des tourments qui attendent notre jeunesse n'est qu'un peu de charbon et de pétrole, je dirais que même s'ils nous l'offraient gratuitement, ce serait encore trop cher.

L'Astronome soupira.

— Voilà les enfants, murmura-t-il.

On les apercevait par la fenêtre ouverte. Debout dans le pré verdoyant, ils discutaient avec animation. Le fils de l'Industriel pointa un index impérieux et son compagnon, docile, fila en direction de la maison.

— Ces jeunes dont vous parliez, dit l'Industriel, ils sont toujours aussi nombreux.

— Oui, mais nous avons tôt fait de les transformer en vieillards en les façonnant à notre moule.

Moustique surgit dans la pièce en coup de vent. La porte claqua derrière lui.

— Qu'est-ce que c'est que ces façons ? fit l'Astronome d'une voix sévère.

Stupéfait, Moustique leva la tête et s'arrêta pile.

— Je vous demande pardon. J'ignorais qu'il y avait quelqu'un. Veuillez excuser mon intrusion. (Il articulait avec un soin laborieux.)

— Il n'y a pas de mal, petit, dit l'Industriel.

— Même si la pièce avait été vide, fiston, reprit l'Astronome, ce n'était pas une raison pour claquer la porte.

— Balivernes ! s'écria l'Industriel. Ce petit n'a rien fait de répréhensible. Ma parole, mais vous êtes en train de lui faire grief de sa jeunesse, vous, avec vos idées ! (Il se tourna vers Moustique.) Approche-toi, mon garçon.

Moustique fit un pas en avant.

— Alors, ça te plaît, la campagne ?

— Beaucoup, monsieur, je vous remercie.

— Mon fils t'a fait visiter le domaine ?

— Oui, monsieur. Carotte — je veux dire...

— Non, non. Continue à l'appeler ainsi. Je suis le premier à le faire. Dis-moi, petit, qu'est-ce que vous mijotez tous les deux, hein ?

Moustique détourna les yeux.

— Heu... on se promène, monsieur, c'est tout.

— Et voilà ! dit l'Industriel, s'adressant à l'Astronome. Notre jeunesse n'a rien perdu de sa curiosité et de sa soif d'aventure.

— Monsieur ? commença Moustique.

— Oui, mon garçon.

Moustique fut long à se décider.

— Carotte m'envoie chercher quelque chose de bon à manger, dit-il enfin, mais je ne sais pas trop ce qu'il veut. Je n'ai pas voulu insister, vous comprenez.

— Eh bien, adresse-toi à la cuisinière. Elle vous trouvera bien deux ou trois bricoles à vous mettre sous la dent.

— Oh non, monsieur, c'est pour des animaux.

— Des animaux ?

— Oui, monsieur. Ça mange quoi, les animaux ?

— Vous voudrez bien excuser mon fils. C'est un citadin, j'en ai peur, dit l'Astronome.

— Mais c'est sans importance. Quelle sorte d'animal, mon garçon ?

— Un petit, monsieur.

— Alors, donne-lui toujours de l'herbe ou des feuilles, et s'il n'en veut pas, des noisettes ou des baies devraient faire l'affaire.

— Merci, monsieur.

Moustique sortit en courant, non sans refermer la porte derrière lui avec une infinie douceur.

— Croyez-vous qu'ils aient attrapé un animal vivant ? demanda l'Astronome, visiblement inquiet.

— Cela se produit souvent, vous savez. La chasse est interdite sur mon domaine et c'est une région cultivée, qui grouille de rongeurs et autres bestioles. Carotte se déniche sans arrêt de nouveaux petits amis dont il se lasse très vite, en général. (Il jeta un coup d'œil sur la pendule.) Vos amis devraient être là, n'est-ce pas ?

★

Le balancement s'était arrêté ; il faisait sombre. L'Explorateur supportait avec difficulté l'air étranger, aussi épais, semblait-il, que la purée de pois. Il l'aspirait par petits coups rapides, mais malgré cela...

Soudain, il éprouva le besoin de parler et tendit le bras. Le Marchand était tiède au toucher. Il avait le souffle rauque et tressaillait spasmodiquement. De toute évidence, il dormait. L'Explorateur hésita et décida de ne pas le réveiller. A quoi bon.

Personne ne viendrait à leur secours, bien sûr. C'était la rançon des énormes bénéfices que permettait la libre compétition. Le Marchand qui ouvrait une nouvelle planète pouvait obtenir pendant dix ans le monopole des échanges commerciaux, privilège qu'il conservait jalousement ou louait aux premiers venus à des tarifs astronomiques, ce qui était le plus fréquent. Par conséquent, on se livrait en secret, et de préférence à l'écart des routes commerciales connues, à une véritable chasse aux planètes. Dans leur situation actuelle, il y avait bien peu de chance pour qu'un vaisseau passe à portée de leurs subéthériques, à moins d'une extraordinaire coïncidence. Même s'ils s'étaient trouvés dans leur propre vaisseau, d'ailleurs, plutôt que dans cette *cage*...

L'Explorateur étreignit les barreaux épais. En admettant qu'il les fasse sauter, ce qui était toujours possible, ils se trouveraient coincés beaucoup trop haut pour pouvoir bondir sur le sol.

Quelle poisse. A deux reprises, ils s'étaient posés dans la vedette-éclaireur. Ils avaient établi le contact avec les indigènes, par ailleurs doux et pacifiques. Il était clair qu'ils avaient jadis possédé une technologie florissante dont les conséquences les avaient dépassés. Un marché prometteur.

Et démesuré. Le Marchand, surtout, en était

resté abasourdi. On lui avait communiqué les chiffres correspondant au diamètre de la planète, mais à une distance de deux secondes/lumière, planté devant l'écran de vision, il n'avait pu s'empêcher de murmurer :

— Incroyable !

— Oh, il existe des mondes encore plus grands, avait répondu l'Explorateur. (Un Explorateur, ça ne doit pas se laisser impressionner facilement.)

— Habités ?

— Hum, non.

— Dites, vous pourriez plonger votre planète dans ce grand océan, là-bas. Elle serait engloutie.

L'Explorateur avait souri. Ce n'était qu'une gentille allusion aux modestes dimensions de son foyer Arcturien.

— Pas tout à fait, avait-il répliqué.

— Au fait, la taille des habitants est-elle en rapport avec celle de leur monde ? avait repris le Marchand dont la pensée suivait son cours. (Il semblait soudain moins favorablement impressionné.)

— Ils sont presque dix fois plus grands que nous.

— Etes-vous certain qu'ils sont amicaux ?

— C'est difficile à dire. Rien de plus impondérable que l'amitié entre des intelligences étrangères. Je les crois inoffensifs. Nous avons déjà eu affaire à d'autres espèces qui n'avaient pas su maintenir leur équilibre après l'étape de la guerre atomique. Vous connaissez la suite. Repli sur soi. Retraite. Décadence progressive et placidité croissante.

— Même lorsqu'il s'agit de monstres pareils ?

— Les principes demeurent.

A ce moment-là, l'Explorateur avait pris conscience des vibrations du moteur.

— Nous descendons un peu trop vite, avait-il fait observer, sourcils froncés.

Quelques heures auparavant, on s'était perdu en conjectures sur les dangers que représentait un atterrissage. La cible était gigantesque pour un monde riche en eau et oxygène. Certes, sa taille était inférieure à celle des mondes inhabités de type ammoniaque-hydrogène, et sa faible densité lui assurait une gravité de surface voisine de la normale, mais malgré la distance, sa force d'attraction s'affaiblissait trop lentement. Bref, elle restait trop élevée pour le calculateur du vaisseau, d'un modèle courant, pas du tout conçu pour prévoir des trajectoires d'atterrissage dans de telles conditions. Conclusion : le pilote devrait utiliser les commandes manuelles.

Il eût été plus sage d'installer un modèle plus puissant, mais cela exigeait un détour par quelque avant-poste de la civilisation. Du temps perdu. Qui sait ? Un secret peut-être éventé. Le Marchand avait exigé que l'on tente un atterrissage immédiat.

A présent, il éprouvait le besoin de justifier son point de vue.

— Vous croyez peut-être que le pilote ne connaît pas son boulot ? s'était-il écrié. Il vous a déjà déposé deux fois sans le moindre problème.

Peut-être, avait songé l'Explorateur, mais dans une vedette-éclaireur, et non un cargo impossible à manœuvrer. Toutefois, il s'était abstenu de tout commentaire.

Son regard n'avait plus quitté l'écran de vision. Ils descendaient trop vite, aucun doute n'était plus permis. Beaucoup trop vite.

— Pourquoi ne dites-vous rien ? avait demandé le Marchand avec humeur.

— Vous tenez à ce que je parle ? Eh bien, je vous suggère de boucler votre flotteur et de m'aider à préparer l'éjecteur.

Le Pilote s'était défendu vaillamment. Ce n'était pas un débutant. L'atmosphère, anormalement dense et épaisse dans cette puissance attractive, fouettait les parois du vaisseau et les brûlait, mais jusqu'au dernier moment, on avait pu croire qu'il réussirait malgré tout à le maîtriser.

Il était même parvenu à maintenir le cap, suivant la trajectoire supposée qui devait les amener en un certain point du continent septentrional. En d'autres circonstances, avec un rien de chance supplémentaire, on eût dit et redit de ce combat qu'il était le retournement héroïque et magistral d'une situation perdue. Mais en vue de la victoire, alors que les nerfs commençaient à flancher, une main épuisée avait empoigné le levier de commande avec un rien de fermeté superflue. Le vaisseau, qui s'était presque redressé, avait à nouveau piqué du nez.

Erreur fatale. Le sol était à moins de deux kilomètres. Le pilote était demeuré à son poste jusqu'au bout, uniquement préoccupé d'atténuer la force de l'impact et de maintenir la navigabilité de l'embarcation. Avec le vaisseau qui se démenait comme un fou dans cette mélasse, bien peu d'éjecteurs pourraient être mis en service, et seulement un à la fois.

Plus tard, lorsque l'Explorateur avait retrouvé ses esprits et s'était hissé sur ses pieds, il avait eu le sentiment très net que lui-même et le Marchand étaient les seuls survivants. Et encore, peut-être était-il optimiste. Son flotteur avait fini de se consumer alors qu'il se trouvait encore assez loin de la surface pour ne pas être assommé par la chute. Le Marchand, lui, n'avait peut-être pas eu cette chance.

Autour de lui se dressait une forêt de tiges d'herbe, épaisses et visqueuses, et dans le lointain il avait aperçu des arbres qui lui rappelaient vaguement une structure familière, sauf que leurs branches les plus basses se trouvaient bien plus hautes que le faîte d'un arbre considéré comme étant de taille moyenne dans son monde d'origine.

Il avait appelé, et dans l'air épais, sa voix avait vibré comme une basse. Presque aussitôt lui était parvenue celle du Marchand, méconnaissable elle aussi. Il s'était frayé un chemin dans la direction d'où elle lui avait semblé provenir, écartant avec vigueur les tiges grossières qui entravaient sa progression.

— Vous êtes blessé ? avait-il demandé, voyant se crisper le visage du Marchand.

— Je me suis foulé quelque chose. J'ai de la peine à marcher.

Doucement, il l'avait tâté.

— Rien de cassé. Il va falloir marcher, même si ça fait mal.

— On ne pourrait pas commencer par se reposer un peu ?

— Nous devons essayer de trouver le vaisseau. C'est la seule chose à faire. S'il peut voler, s'il peut être réparé, nous vivrons. Sinon, nous sommes cuits.

— Rien que quelques minutes. Le temps de reprendre mon souffle.

Pour l'Explorateur aussi, ces quelques minutes étaient les bienvenues. Déjà, le Marchand avait fermé les yeux. Il l'avait imité.

Soudain, il avait entendu le piétinement. D'un seul coup, ses paupières s'étaient soulevées. « Ne jamais s'endormir sur une planète inconnue », avait-il songé, bien inutilement.

Le Marchand avait les yeux grands ouverts, lui aussi, et de sa bouche s'échappait un hurlement continu qui ressemblait à un grondement de terreur.

— Ce n'est qu'un indigène, lui avait assuré l'Explorateur. Il ne vous fera aucun mal.

A peine avait-il prononcé ces mots que le géant avait fondu sur eux et, les emprisonnant dans son étreinte, les avait soulevés pour les rapprocher de sa tête monstrueuse.

Le Marchand s'était débattu de toutes ses forces, en vain, naturellement.

— Ne pouvez-vous lui parler ? avait-il crié.

L'Explorateur avait secoué la tête.

— Impossible de l'atteindre avec le projecteur. Il ne m'écoutera pas.

— Alors, détruisez-le ! Faites-le sauter !

— On ne peut pas faire une chose pareille !

Sur le point d'ajouter, pauvre imbécile, il s'était ravisé, non sans mal. Ils dévoraient les kilomètres tandis que le monstre s'éloignait avec détermination.

— Et pourquoi pas ? avait hurlé le Marchand, terrorisé. Vous pouvez fort bien attraper votre fulgurant. Il est là, bien en vue. N'ayez pas peur de tomber !

— C'est encore plus simple que ça. Si nous tuons ce monstre, non seulement vous ne ferez pas affaire avec cette planète, mais vous ne la quitterez jamais. Vous ne passerez même pas la journée.

— Mais pourquoi ? Pourquoi ?

— Parce que c'est un de leurs petits. Vous

devriez savoir ce qui se passe lorsqu'un négociant tue un jeune indigène, même par accident. De plus, si nous avons atteint notre objectif, nous devons nous trouver sur le domaine de quelqu'un d'important. C'est peut-être un de ses enfants.

C'est ainsi qu'ils s'étaient retrouvés dans cette prison. Avec d'infinies précautions, ils avaient brûlé une partie de la bâche épaisse et raide pour s'apercevoir qu'ils étaient suspendus dans le vide à une hauteur mortelle.

Et voilà qu'à nouveau leur cage fut secouée et bascula vers le haut. Réveillé en sursaut, le Marchand roula sur le sol de la cage. On souleva la bâche et un flot de lumière les aveugla. Comme la fois précédente, les jeunes indigènes étaient au nombre de deux. D'aspect, constata l'Explorateur, ils ressemblaient beaucoup aux adultes, mais leur taille était bien inférieure.

Une poignée de minces tiges vertes fut introduite entre les barreaux. Elles dégageaient un parfum agréable mais des mottes de terre restaient accrochées à leurs extrémités.

Le Marchand se réfugia dans le fond de la cage.

— Que font-ils ? demanda-t-il d'une voix altérée.

— A mon avis, ils nous apportent de la nourriture. Ce doit être l'herbe qui pousse par ici.

La bâche fut replacée. Dans la cage qui oscillait dangereusement, les captifs se retrouvèrent seuls avec leur fourrage.

★

Un bruit de pas se fit entendre et Moustique sursauta. Puis son visage s'éclaira : ce n'était que Carotte.

— Personne en vue, dit-il. J'ai ouvert l'œil, et le bon, tu penses !

— Chut ! Regarde. Prends ça et fourre-le dans la cage. Il faut que je retourne à la maison en vitesse.

Non sans réticence, Moustique tendit la main.

— Qu'est-ce que c'est ?

— De la viande hachée, saperlipopette ! Tu n'as donc jamais vu de viande hachée ? C'est ça que tu aurais dû ramener lorsque je t'ai envoyé chercher de la nourriture à la maison, au lieu de cette herbe ridicule.

Moustique se rebiffa.

— Et comment je pouvais savoir qu'ils ne mangeaient pas d'herbe ? D'ailleurs la viande ne se présente pas en vrac, comme ça. Elle est sous cellophane et elle n'a pas du tout cette couleur.

— Bien sûr. A la ville. Ici, nous la hachons nous-mêmes et elle est toujours de cette couleur-là avant d'être cuite.

Moustique eut un mouvement de recul.

— Comment ? Elle n'est pas cuite ?

— Tu crois peut-être que les animaux mangent de la nourriture cuite ? s'écria Carotte, scandalisé. Allons, prends ça. Elle ne te mordra pas. Le temps presse, c'est moi qui te le dis.

— Pourquoi ? Que se passe-t-il à la maison ?

— J'en sais rien. Mon père et le tien furètent partout. Je me demande si ce n'est pas moi qu'ils cherchent. Peut-être la cuisinière leur a-t-elle dit que j'avais piqué la viande. En tout cas, il vaut mieux qu'ils ne viennent pas fourrer leur nez par ici.

— Tu n'as pas prévenu la cuisinière avant de prendre la viande ?

— Cette pimbêche ? Tu parles ! Un verre d'eau, c'est tout ce que j'obtiendrais, et encore ! Consigne du paternel. Allez, prends ça.

Surmontant un frisson de dégoût à ce contact odieux, Moustique prit le gros paquet de viande. Tandis que son ami cavalait en direction de la maison, il se dirigea, plus posément, vers la grange.

Parvenu à proximité des deux adultes, Carotte ralentit et reprit haleine. Lorsqu'il put respirer normalement, il s'avança vers eux d'une démarche nonchalante.

— Salut, P'pa ! lança-t-il. Bonjour, monsieur.

— Un instant, Carotte, dit l'Industriel. J'ai une question à te poser.

Carotte leva vers son père une physionomie impassible.

— Oui, P'pa ?

— Ta mère m'a dit que tu étais sorti de bonne heure, ce matin.

— Pas si tôt que ça, P'pa. Juste avant le petit déjeuner.

— D'après elle, c'est parce que tu aurais été réveillé pendant la nuit.

Carotte prit tout son temps pour répondre. Avait-il eu raison de confier ça à sa mère ?

— C'est vrai, dit-il enfin.

— A quoi ressemblait le bruit qui t'a réveillé ?

Il n'y avait pas de mal à répondre et Carotte le fit de bonne grâce.

— Je ne sais pas au juste, P'pa. On aurait dit comme un coup de tonnerre, et une collision. Enfin, comme une collision.

— Pourrais-tu dire d'où cela venait ?

— De la colline, je *crois*.

Ce qui était la stricte vérité, et très pratique, aussi,

car la grange se trouvait presque dans la direction opposée.

L'Industriel se tourna vers son invité.

— Il ne serait peut-être pas inutile d'aller y jeter un coup d'œil.

— Excellente idée, dit l'Astronome.

Carotte les regarda s'éloigner. Quand il fit volte-face, il aperçut Moustique, à l'affût derrière l'écran d'une haie, et lui fit signe de venir.

— Amène-toi, vite !

Moustique sortit de sa cachette.

— Ils ont dit quelque chose au sujet de la viande ?

— Pas un mot. Ils ne doivent pas être au courant. Ils se dirigent vers la colline.

— Pourquoi faire ?

— Si je le savais. Ils n'ont pas cessé de m'interroger au sujet du bruit que j'avais entendu. Au fait, est-ce que les animaux ont mangé la viande ?

— Ben, commença Moustique, hésitant, j'ai eu l'impression qu'ils l'examinaient et la reniflaient.

— Parfait. Ils vont la manger. Saperlipopette, il faut bien qu'ils mangent *quelque chose !* Viens, on va aller du côté de la colline voir ce que ton père et le mien ont derrière la tête.

— Et les animaux ?

— Aucun problème. On ne peut pas leur consacrer tout son temps. Tu leur as donné de l'eau ?

— Oui. Ils l'ont bue.

— Tu vois. Allez, viens. On ira les voir après le déjeuner. Ecoute, on leur apportera des fruits. Les fruits, tout le monde aime ça.

Ils s'élancèrent à l'assaut de la petite éminence. Carotte, comme d'habitude, allait en tête.

★

— Croyez-vous que c'était leur vaisseau qui se serait écrasé ? demanda l'Astronome.

— Et vous, qu'en pensez-vous ?

— Si c'est le cas, alors il risque de ne pas y avoir de survivants.

— C'est bien possible. (L'Industriel fronça les sourcils.)

— S'ils se sont posés et sont toujours en vie, où peuvent-ils bien être ?

L'Industriel gardait la mine soucieuse.

— Réfléchissez un instant.

— Je ne vous suis pas.

— Rien ne vous dit qu'ils sont animés de bonnes intentions.

— Oh, mais vous n'y êtes pas du tout. Je leur ai parlé. Ils ont...

— Vous leur avez parlé. C'est le premier stade, la reconnaissance. Quelle sera l'étape suivante ? L'invasion ?

— Mais ils n'ont qu'un seul vaisseau.

— C'est ce qu'ils vous ont affirmé. Ils viennent peut-être avec une flotte entière.

— Je vous ai parlé de leur taille. Ils...

— Qu'importe leur taille, s'ils ont des armes portatives bien supérieures à notre artillerie.

— Ce n'est pas ce que je voulais dire.

— Depuis le début, cette idée me trotte dans la tête, reprit l'Industriel. C'est la raison pour laquelle j'ai accepté de les rencontrer après avoir reçu votre lettre. Non pour passer avec eux un marché dangereux et insensé, mais pour apprécier leurs véritables intentions. Je n'avais pas prévu qu'ils allaient se soustraire à l'entrevue. (Avec un soupir, il ajouta :) Je ne vous blâme pas. Sur un point, au moins, vous avez raison. Notre monde est en paix depuis trop longtemps. Nous sommes en train de perdre nos salutaires réflexes de méfiance.

D'ordinaire si mesurée, la voix de l'Astronome monta de plusieurs octaves.

— C'est à *mon* tour de parler, si vous le voulez bien. Il n'y a aucune raison de redouter de leur part une attitude hostile, je vous l'affirme. Ils sont petits, c'est vrai, mais leur taille n'a d'importance que dans la mesure où elle reflète l'exiguïté de leurs planètes d'origine. Pour eux, notre monde a une gravité normale, mais nous avons une force d'attraction beaucoup plus élevée qui rend notre atmosphère trop dense : ici, ils ne pourraient pas vivre sans être fortement incommodés. Pour la même raison, se servir de cette planète comme d'une base pour des voyages interstellaires, à l'exception du commerce de certains articles, serait de leur part aberrant. De plus, il existe d'importantes nuances dans la chimie biologique, dues à la composition radicalement différente des sols. Ils ne pourraient pas absorber notre nourriture ni nous la leur.

— Aucune de ces difficultés n'est insurmontable, rétorqua l'Industriel. Ils peuvent apporter leur propre nourriture, construire des stations sous dômes où la pression atmosphérique serait plus faible et des vaisseaux spécialement étudiés.

— C'est exact. Avec quelle aisance décrivez-vous ces exploits qui sont à la portée d'une espèce encore jeune. Ils n'ont nul besoin d'en arriver là, c'est tout. Il existe dans la Galaxie plusieurs millions de mondes qui leur conviennent. Pourquoi choisiraient-ils justement celui-ci, qui ne leur convient pas ?

— Comment le savez-vous ? Encore une fois, tous

ces renseignements, c'est d'eux que vous les tenez.

— J'ai pu m'en rendre compte par moi-même. Je suis astronome, ne l'oubliez pas.

— Certes. Et si vous m'expliquiez cela en détail, tout en marchant ?

— Dites-vous bien que pendant fort longtemps, nos astronomes ont cru qu'il n'existait que deux types de corps planétaires. Primo, les planètes formées à une distance suffisante de leur noyau stellaire, et par conséquent assez tièdes pour capter de l'hydrogène. Il s'agit d'énormes planètes, riches en hydrogène, ammoniaque et méthane. Exemple : les planètes extérieures géantes. Secundo, les planètes qui gravitent si près du soleil que leur température élevée leur interdit de capter de grandes quantités d'hydrogène. Plus petites, elles sont aussi plus riches en oxygène. Nous connaissons d'autant mieux ce type de planètes que nous vivons sur l'une d'entre elles. Toutefois, notre système solaire est le seul que nous connaissions en détail et nous avions tout lieu de croire qu'avec ces deux catégories, nous avions fait de tour du problème.

— Il en existe donc une troisième ?

— Oui. Encore plus dense, plus petite et plus pauvre en hydrogène que les planètes intérieures de notre système. Dans toute la Galaxie, le rapport entre le nombre de planètes riches en hydrogène et ammoniaque et leurs mondes riches en oxygène et en eau — et rappelez-vous qu'ils ont déjà effectué l'inspection de secteurs non négligeables de la Galaxie, ce que nous serions incapables de faire, nous qui n'avons pas conquis l'espace — est environ de trois pour un. Ça leur laisse plusieurs millions des mondes super-denses à explorer et coloniser.

L'Industriel promena son regard sur le ciel bleu et

les arbres couronnés de vert au milieu desquels ils se frayaient un chemin.

— Et les mondes comme le nôtre ?

— Ils n'avaient encore jamais rencontré de système solaire contenant des planètes de ce type. L'évolution de notre système est un phénomène unique, semble-t-il, en marge du processus habituel.

L'Industriel réfléchit un instant.

— Si j'ai bien compris, ces créatures venues d'ailleurs vivent sur un astéroïde ?

— Non, non, les astéroïdes, c'est encore autre chose. A ce qu'ils m'ont dit, on ne les rencontre que dans un système solaire sur huit. Ils n'ont rien à voir avec ce dont nous étions en train de parler.

— Vous êtes peut-être astronome, mais pour l'instant, vous ne faites toujours que rapporter des informations non vérifiées.

— Mais ils ne se sont pas contentés d'une simple exposition des faits. Je me suis trouvé confronté à une véritable théorie de l'évolution stellaire que j'ai dû accepter car elle est, et de loin, plus irréfutable que tout ce que notre astronomie a jamais pu produire, à l'exception d'éventuelles théories d'avant-guerre enterrées depuis longtemps. Or, cette théorie au développement rigoureusement mathématique prévoit la formation d'une galaxie semblable à celle qu'ils décrivent. Vous voyez, ils ont tous les mondes qu'ils désirent. Ces créatures ne sont pas avides de terre, et encore moins de la nôtre.

— Si ce que vous dites est vrai, vous avez la raison de votre côté. Mais toute créature intelligente n'est pas pour autant raisonnable. Nos ancêtres étaient sans doute intelligents, et cependant qui oserait les qualifier de raisonnables ? Peut-on parler de raison quand on anéantit une formidable civilisation sous les décombres d'une guerre atomique dont nos historiens sont aujourd'hui incapables de déterminer l'origine avec précision ? (Sombrement, l'Industriel continua à ruminer ses pensées.) Depuis la première bombe atomique lâchée sur les îles Orientales du Levant — j'ai oublié l'ancien nom — ce dénouement était à prévoir et nul ne l'ignorait. Mais rien n'a été fait pour l'éviter. Rien.

Comme sortant d'un songe, il leva soudain les yeux.

— Eh bien, où sommes-nous ? demanda-t-il avec entrain. Nous avons fait tout ce chemin pour rien, j'en ai peur.

L'Astronome le précédait de quelques pas. Sa voix lui parvint, étrangement altérée.

— Détrompez-vous, monsieur. Regardez.

★

Aidés par leur vivacité et cette hardiesse insouciante que confère la jeunesse, Carotte et Moustique n'avaient eu aucun mal à prendre leurs pères en filature, d'autant que ceux-ci étaient absorbés et inquiets. Mais les broussailles derrière lesquelles ils s'étaient dissimulés les empêchaient de bien distinguer le fruit des recherches.

— Saperlipopette, murmura Carotte. Vise un peu ! On dirait de l'argent ou je ne sais quoi.

Moustique, lui, ne tenait plus en place. Tout excité, il agrippa son compagnon.

— Moi, je sais ce que c'est ! C'est un vaisseau spatial. C'est sûrement pour ça que mon père est ici. Il est un des plus grands astronomes du monde et si un vaisseau spatial s'est posé sur son domaine, ton père a dû lui demander de venir.

— Qu'est-ce que tu racontes ? P'pa ne savait même pas que ce truc se trouvait là. S'il est venu, c'est seulement parce que je lui ai dit que j'avais entendu un coup de tonnerre de ce côté. D'ailleurs, montre-le-moi, ton vaisseau spatial !

— Il est là, je te dis. Regarde. Tu vois ces machins ronds ? C'est les écoutilles. On voit même le tube de lancement.

— Et comment ça se fait que tu sois aussi calé ?

Moustique s'empourpra.

— Je l'ai lu. Mon père a des bouquins là-dessus. De vieux bouquins. D'avant-guerre.

— Ouais. Tu me mènes en bateau. Des bouquins d'avant-guerre !

— Il est *obligé* de les avoir. Il est prof' à l'université. C'est son boulot.

Sa voix s'était emballée et Carotte le tira par la manche.

— Tu tiens à ce qu'ils nous entendent ? souffla-t-il avec indignation.

— En tout cas, c'est un vaisseau spatial.

— Ecoute, Moustique, ne me dis pas que c'est un vaisseau qui vient d'un autre monde !

— Si, *forcément*. Regarde la façon dont mon père ne cesse d'en faire le tour. Si ce n'était pas un vaisseau spatial, il ne serait pas autant intéressé.

— D'autres mondes ! Où sont-ils, ces autres mondes ?

— Partout. Et les planètes, alors ? Ce sont des mondes, comme le nôtre, enfin, certaines. Et d'autres étoiles doivent avoir des planètes. Il doit y en avoir des milliards et des milliards.

Carotte se sentit soudain dépassé, en poids et en nombre.

— Tu es timbré ! murmura-t-il.

— Bon. Je vais te montrer.

— Hé ! Où vas-tu ?

— Là-bas. Je vais demander à mon père. Lui, au moins, tu le croiras. J'espère que tu ne doutes pas qu'un professeur d'astronomie sache...

Il s'était redressé.

— Hé ! dit Carotte. Tu ne tiens tout de même pas à ce qu'ils nous voient ? On est pas censé être là. Tu as envie qu'ils nous cuisinent et découvrent l'existence des animaux ?

— Ça m'est égal. Tu as dit que j'étais timbré.

— Cafteur ! Tu as promis de ne rien dire.

— Je n'ai pas l'intention de parler. Mais s'ils le découvrent eux-mêmes, ce sera de ta faute. Il ne fallait pas me traiter de timbré.

— D'accord. Mettons que je n'ai rien dit.

— Bon. Tu ferais aussi bien.

D'une certaine façon, Moustique était déçu. Il brûlait d'envie de voir le vaisseau de plus près. Mais il ne pouvait guère rompre son serment, même en pensée, sans avoir au moins l'excuse d'un affront personnel.

— C'est fichtrement petit, pour un vaisseau spatial, fit observer Carotte.

— Bien sûr. Ce doit être un vaisseau éclaireur.

— Je parie que P'pa ne pourrait même pas pénétrer à l'intérieur.

De cela, Moustique aussi s'était rendu compte. C'était le point faible de son raisonnement et il se garda bien de répondre.

Carotte se leva, affectant une attitude d'extrême lassitude.

— Bon. On ferait bien d'y aller. On a du boulot et je ne peux pas rester là toute la sainte journée à lorgner un malheureux vaisseau spatial ou je ne sais quoi. Si on veut faire partie d'un cirque, on doit s'occuper des animaux. C'est la règle d'or des enfants de la balle. Ils prennent soin de leurs animaux. Et je jure, ajouta-t-il avec sévérité, que rien ne m'en empêchera !

— Mais pourquoi, Carotte ? Ils ont plein de viande. Restons plutôt ici à regarder.

— Regarder, c'est pas marrant. Et puis, ton père et le mien s'en vont. C'est sûrement l'heure du déjeuner. (Carotte se fit plus pressant.) Ecoute, Moustique, si on commence à se comporter d'une manière louche, ça leur mettra la puce à l'oreille. Saperlipopette, tu lis jamais de romans policiers. Quand on est sur un gros coup et qu'on veut pas se faire pincer, le premier truc, c'est de se comporter comme d'habitude. Personne ne se doute de rien. Ça, c'est le B A BA...

— Bon, bon, ça va.

A contrecœur, Moustique se leva. A ce moment-là, comparé aux splendeurs de l'astronomie, le cirque lui faisait l'effet d'une misérable camelote bien défraîchie, et il se demandait comment il avait pu se laisser embarquer dans un projet aussi idiot.

Ils dégringolèrent la pente. Moustique, comme d'habitude, fermait la marche.

★

— C'est la finition qui me sidère, dit l'Industriel. Je n'ai jamais rien vu de pareil.

— Cela nous fait une belle jambe, à présent, répliqua l'Astronome avec amertume. Il ne reste rien. Il n'y aura pas de seconde prise de contact. C'est par accident que ce vaisseau a détecté la vie sur notre planète. Les prochaines expéditions ne s'approcheront pas plus qu'il n'est nécessaire pour constater qu'il n'existe pas dans notre système solaire de monde à forte densité.

— Ma foi, cet atterrissage brutal règle la question.

— Le vaisseau est à peine endommagé. Si seulement certains d'entre eux avaient survécu, nous aurions pu le remettre en état.

— S'ils avaient survécu, de toute façon, il n'était pas question de négocier avec eux. Ils sont trop différents, trop inquiétants. Enfin, n'y pensons plus.

Comme ils pénétraient dans la maison, l'Industriel aborda sa femme avec douceur.

— Le déjeuner sera bientôt prêt, ma chérie ?

— Non, je le crains. C'est que... (Indécise, elle regarda l'Astronome.)

— Quelque chose ne va pas ? demanda l'Industriel. Pourquoi ne dis-tu rien ? Notre hôte voudra bien excuser un petit aparté familial.

— Je vous en prie, ne vous gênez pas pour moi, marmonna l'Astronome. (L'air abattu, il s'éloigna vers l'autre extrémité du salon.)

— La cuisinière est dans tous ses états, dit à mi-voix la femme de l'Industriel. Voilà des heures que j'essaie de la calmer et franchement, je me demande pourquoi Carotte aurait fait une chose pareille.

— Quelle chose ?

L'Industriel était surtout amusé. Pendant des mois, lui-même et son fils avaient conjugué leurs efforts pour la décider à substituer Carotte au prénom parfaitement ridicule (du point de vue de l'intéressé) qui était en fait celui du petit.

— Il a volé une bonne partie de la viande hachée.

— Il l'a mangée ?

— J'espère que non ! Elle était crue.

— Mais alors, que voulait-il en faire ?

— Je l'ignore. Je ne l'ai pas vu depuis le petit déjeuner. En attendant, la cuisinière est furieuse. Elle l'a aperçu au moment où il s'enfuyait par la porte de la cuisine et le saladier de viande hachée qu'elle avait prévu de faire cuire pour le déjeuner était presque vide. Tu la connais. Elle a dû modifier le menu et pendant une semaine, elle ne sera pas à prendre avec des pincettes. Tu devrais dire deux mots à Carotte, mon chéri. Fais-lui promettre de ne plus venir fourrer son nez dans la cuisine. Et s'il pouvait présenter ses excuses à la cuisinière, ce serait encore mieux.

— Allons, allons. Elle est notre employée. Pourquoi se plaindrait-elle d'un changement dans le menu si nous n'y trouvons rien à redire ?

— Parce que c'est elle qui aura double travail et elle menace de rendre son tablier. Une bonne cuisinière, ce n'est pas facile à trouver. Tu te souviens de la précédente ?

C'était un argument de poids. L'Industriel jeta autour de lui un regard inquisiteur.

— Tu as raison. Il n'est pas là, j'imagine. Je lui parlerai dès son retour.

— Tu n'auras pas longtemps à l'attendre. Le voilà.

Carotte fit son entrée et lança un claironnant :

— C'est l'heure du déjeuner, je parie ! (Puis, sentant converger sur lui les regards de ses parents, il les examina l'un après l'autre avec une curiosité furtive avant d'ajouter :) Il faut d'abord que j'aille me laver les mains, et d'obliquer prestement en direction de la porte du fond.

— Un instant, fiston, dit l'Industriel.

— Papa ?

— Où est ton copain ?

— Il est dans les parages, répondit Carotte, évasif. On marchait, et quand j'ai regardé autour de moi, il avait disparu. (Carotte se sentait d'autant plus à son aise que c'était la stricte vérité.) Je lui ai dit que c'était l'heure du déjeuner. Ce doit être l'heure du déjeuner, je lui ai dit, il faut qu'on rentre à la maison. D'accord, il a répondu. Alors j'ai continué et je devais être au ruisseau quand j'ai regardé autour de moi et...

Abandonnant la revue qu'il avait feuilletée d'un œil absent, l'Astronome interrompit ce flot de paroles.

— Ne vous tracassez pas pour mon fils. C'est un enfant indépendant. Il est inutile de l'attendre pour passer à table.

— De toute façon, le déjeuner n'est pas encore prêt. (L'Industriel toisa son fils.) Et à ce propos, fiston, si le déjeuner est en retard, c'est qu'il est arrivé quelque chose aux provisions. Tu n'as rien à dire ?

— Papa ?

— Il me déplaît d'avoir à te mettre les points sur les i. Pourquoi as-tu pris la viande hachée ?

— La viande hachée ?

— La viande hachée. (L'Industriel attendit patiemment.)

— Ben, commença Carotte... c'est-à-dire que j'en avais...

— Envie ? suggéra son père. Tu avais envie de viande crue !

— Non, Papa. C'est plutôt que j'en avais besoin.

— Dans quel but, exactement ?

La mine piteuse, Carotte gardait le silence.

Pour la seconde fois s'éleva la voix de l'Astronome.

— Pardonnez-moi cette brève intervention, mais rappelez-vous, juste après le petit déjeuner, mon fils est venu se renseigner pour savoir ce que mangeaient les animaux.

— Oh, comme je suis sot de l'avoir oublié ! Dis donc, Carotte, aurais-tu volé la viande pour la donner à une bestiole que tu viens d'attraper ?

Au comble de l'indignation, Carotte retrouva subitement l'usage de la parole.

— Alors, Moustique est venu et vous a dit que j'avais un animal ? Il est venu et il vous a dit ça ? Il a dit que j'avais un animal ?

— Non, il n'a rien dit. Il nous a demandé de quoi se nourrissaient les animaux, un point c'est tout. S'il t'avait promis de garder le secret, il a tenu parole. Tu t'es trahi toi-même en étant assez stupide pour dérober quelque chose sans permission. Cela s'appelle du vol. Et maintenant, dis-moi, as-tu oui ou non un animal ? Je veux une réponse claire !

— Oui, Papa. (Un murmure, presque inaudible.)

— Bon. Tu vas t'en débarrasser, compris ?

— Tu veux dire que tu as capturé un animal carnivore, Carotte ? demanda sa mère. Il pourrait te mordre, le sais-tu ? Ou t'empoisonner !

— Mais ils sont tout petits, riposta Carotte d'une voix chevrotante. C'est à peine s'ils bougent quand on les touche.

— Ils *sont* ? Combien en as-tu ?

— Deux.

— Où sont-ils ?

L'Industriel effleura le bras de sa femme.

— Ne le tourmente plus, souffla-t-il à mi-voix. S'il dit qu'il va s'en débarrasser, il le fera. Ce sera une punition suffisante.

L'incident était clos. Il le chassa de son esprit.

★

Le déjeuner était à demi terminé lorsque Moustique pénétra en trombe dans la salle à manger. L'espace d'un instant, la confusion le cloua sur place, puis, d'une voix altérée, il s'écria :

— Il faut que je parle à Carotte ! J'ai quelque chose d'important à lui dire.

Carotte lui lança un regard angoissé.

— Mon petit, ton comportement est inqualifiable, déclara l'Astronome. Tu as retardé le déjeuner.

— Oh, ne le réprimandez pas trop, intervint l'épouse de l'Industriel. Qu'il parle à Carotte s'il y tient et le déjeuner n'a guère souffert de ce retard.

— Je veux lui parler seul à seul, insista Moustique.

— Ça suffit comme ça ! répliqua l'Astronome sur un ton dont il s'efforçait, par égard pour ses hôtes, de masquer le tranchant bien reconnaissable sous une bonhomie superficielle. Assieds-toi !

Moustique s'exécuta, mais il ne toucha guère à sa nourriture, sauf lorsqu'il avait conscience d'être surveillé, et encore ses pauvres efforts ne trompèrent-ils personne.

Carotte attira son attention. Sa bouche s'ouvrit sur des mots silencieux : « Est-ce que les animaux se sont échappés ? »

Moustique secoua imperceptiblement la tête.

— Non, c'est...

L'Astronome le gratifia d'un regard sévère et sa voix se brisa.

Le déjeuner terminé, Carotte se glissa hors de la pièce. D'un geste microscopique, il invita Moustique à l'imiter.

Sans échanger un mot, ils marchèrent jusqu'au ruisseau.

Soudain, Carotte se planta devant son compagnon.

— Dis donc, s'écria-t-il avec véhémence, qu'est-ce qui t'a pris d'aller raconter à ton père que nous donnions à manger à des animaux ?

— Ce n'est pas ce que j'ai dit, protesta Moustique. Je leur ai demandé ce que mangeaient les animaux. Ce n'est pas comme si j'avais dit que nous étions en train de le faire. D'ailleurs, il s'agit de bien autre chose, Carotte.

Mais Carotte n'était pas convaincu.

— Où étais-tu passé ? Je croyais que tu rentrais avec moi. Ils m'ont passé un savon comme si c'était de ma faute si tu n'étais pas là.

— Mais c'est ce que j'essaie de t'expliquer, si seulement tu la bouclais un peu. Tu ne me laisses pas en placer une.

— Bon, vas-y. Vide ton sac, qu'on voit ce que tu as à dire.

— J'essaie, je te dis. Je suis retourné au vaisseau spatial. Il n'y avait plus personne et je voulais voir à quoi il ressemblait.

— C'est pas un vaisseau spatial, coupa Carotte, renfrogné. (Il n'avait rien à perdre.)

— Que si ! J'ai regardé à l'intérieur. On pouvait voir à travers les écoutilles et j'ai jeté un coup d'œil. Eh bien, ils étaient *morts !* (Il eut une grimace de dégoût.) Morts !

— Qui était mort ?

— Des bêtes ! cria Moustique d'une voix perçante. Comme les tiennes ! Mais justement, *ce ne sont pas* des bêtes. Ce sont des gens venus d'une autre planète.

Pendant quelque temps, Carotte se transforma en statue. Au point où ils en étaient, l'idée ne lui serait pas venue de se moquer de Moustique. Celui-ci avait l'air trop bouleversé pour le mener en bateau.

— Seigneur ! murmura-t-il enfin.

— Alors qu'est-ce qu'on fait ? Mince, on va passer un drôle de quart d'heure quand ils découvriront la vérité ! dit Moustique, tout tremblant.

— On ferait mieux de les remettre en liberté.

— Ils nous trahiront.

— Mais s'ils viennent d'une autre planète, ils ne parlent pas notre langue !

— Ne crois pas ça. Je le sais, parce que je me souviens avoir entendu mon père en parler avec ma mère sans qu'ils se doutent de ma présence. Il était question de certains visiteurs qui peuvent parler avec la pensée. La télépatherie, ça s'appelle, ou quelque chose comme ça. Je croyais qu'il racontait des craques.

— Ça alors, saperlipopette ! Tu te rends compte... saperlipopette ! (Carotte redressa la tête.) Je sais ce qu'on va faire. Mon père m'a dit de m'en débarrasser. On n'a qu'à les enterrer quelque part ou les balancer dans le ruisseau.

— C'est *lui* qui te l'a dit ?

— Il m'a fait avouer que j'avais attrapé des animaux et il a dit : Tu vas t'en débarrasser ! Je dois lui obéir. Saperlipopette, c'est mon paternel !

Moustique se sentit soudain le cœur plus léger. Après tout, ils ne feraient qu'obéir aux ordres.

— Allons-y tout de suite, alors, avant qu'ils ne s'aperçoivent de quoi que ce soit. Seigneur, qu'est-ce qu'on prendrait s'ils découvraient la vérité !

Ils s'élancèrent en direction de la grange, l'esprit traversé par d'horribles visions.

★

C'était tout autre chose que de les regarder en sachant que c'était des « gens ». Considérés comme des animaux, ils ne manquaient pas d'intérêt ; considérés comme des gens, ils devenaient franchement répugnants. Leurs yeux, naguère petits objets d'une rassurante neutralité, semblaient à présent les examiner avec une malveillance indiscutable.

— On dirait qu'ils font du bruit, chuchota Moustique.

— Ils doivent être en train de parler, dit Carotte, sur le même ton.

Curieux, comme ces bruits qu'ils avaient déjà entendus leur avaient alors donné l'impression d'être vides de sens. Carotte ne faisait pas un geste dans leur direction. Pas plus que Moustique.

La bâche avait été soulevée, mais ils se contentaient de regarder. Moustique remarqua qu'ils n'avaient pas touché à la viande.

— Alors, tu te décides ? demanda-t-il.

— Et toi ? riposta Carotte.

— C'est pas moi qui les ai trouvés.

— Chacun son tour, justement.

— Pas du tout. C'est toi qui les as trouvés. D'ailleurs tout est de ta faute, depuis le début. Moi, je t'ai suivi, un point c'est tout.

— Tu es dans le coup, Moustique. Dis pas le contraire.

— Je m'en fiche. C'est toi qui les as trouvés, et c'est ce que je dirai quand ils viendront nous chercher ici.

— Tant pis pour toi !

Pourtant, aiguillonné par l'effroi qui lui inspiraient les éventuelles conséquences, Carotte avança la main vers la porte de la cage.

— Attends ! s'écria Moustique.

Carotte ne demandait pas mieux.

— Quelle mouche te pique ? demanda-t-il.

— L'un des deux porte quelque chose qui m'a tout l'air d'être en fer ou un truc du même genre.

— Où ça ?

— Là. Je l'avais déjà remarqué, mais je croyais que ça faisait partie de lui. Si c'est « quelqu'un », ça change tout. Il doit s'agir d'un pistolet désintégrateur.

— Un quoi ?

— J'ai lu des choses là-dessus dans les bouquins d'avant-guerre. La plupart des gens qui voyagent en vaisseau spatial ont des pistolets désintégrateurs. Ils le braquent sur toi et tu es désintégrateuré.

— Pour l'instant, ils ne l'ont pas braqué sur nous, fit observer Carotte, mais le cœur n'y était pas.

— Ça m'est égal ! Je n'ai pas l'intention de moisir ici en attendant qu'ils se décident à me désintégrateurer. Je vais chercher mon père.

— T'es qu'un trouillard. Une poule mouillée.

— Cause toujours. Appelle-moi de tous les noms que tu voudras, mais si tu les déranges vraiment, tu seras désintégrateuré. Essaie, et tu verras. Tu l'auras bien cherché.

Sur ce, Moustique se dirigea vers le petit escalier en spirale qui conduisait au rez-de-chaussée. Arrivé au sommet, il s'arrêta net et recula.

Un peu essoufflée par l'exercice, la mère de Carotte fit son apparition. En sa qualité d'invité, Moustique se vit gratifier d'un mince sourire.

— Carotte ! lança-t-elle. Carotte, où es-tu ? Inutile de te cacher. Je sais que tu les as amenés ici. La cuisinière a vu de quel côté tu emportais la viande.

— 'Jour, M'man, fit Carotte d'une toute petite voix.

— Allons, montre-moi ces sales bestioles. Je veillerai à ce que tu t'en débarrasses sur-le-champ.

Ouf ! Terminé. Malgré l'imminence du châtiment corporel, Carotte se sentit délivré d'un immense fardeau. La décision ne lui appartenait plus.

— Ils sont là, M'man. Je leur ai rien fait, M'man. J'savais pas. On aurait dit de petits animaux et je pensais que tu me permettrais de les garder, M'man. J'aurais pas pris la viande s'ils avaient mangé l'herbe ou les feuilles, mais on leur a pas trouvé de noix ni de baies et jamais la cuisinière me laisse prendre quoi que ce soit, autrement je lui aurais demandé et j'savais pas que c'était pour le déjeuner, alors...

Sous le coup de la terreur, sa voix s'était emballée, et il ne se rendait pas compte que loin de l'écouter, sa mère fixait sur la cage des yeux exorbités en laissant échapper de petits cris perçants.

★

— Il ne nous reste qu'à les enterrer discrètement, dit l'Astronome. Toute publicité serait désormais inopportune. (A ce moment précis leur parvinrent les premiers hurlements.)

Haletante d'avoir couru d'une traite depuis la grange, la femme de l'Industriel n'était pas tout à fait remise lorsqu'elle les rejoignit. Plusieurs minutes s'écoulèrent avant que son mari parvienne à lui arracher ses premières paroles sensées.

— Je te répète qu'ils sont dans la grange, hoqueta-t-elle. Je ne sais pas du tout ce que c'est. Non... non ! (D'un geste, elle arrêta l'élan de l'Industriel.) Tu ne vas pas y aller *toi-même*. Envoie un des employés avec un fusil. Ecoute, je n'ai jamais rien vu de pareil. D'horribles petites bêtes, avec — avec — elles sont impossibles à décrire. Dire que Carotte les a tripotées en essayant de les nourrir ! Il les a tenues et leur a donné de la viande !

— Tout ce que j'ai... commença Carotte.

— C'était pas... renchérit Moustique.

— Vous deux, vous avez remué assez d'air pour aujourd'hui ! s'emporta l'Industriel. Ouste ! A la maison. Et qu'on ne vous entende plus, qu'on ne vous entende plus ! Vos commentaires ne m'intéressent absolument pas. Quand nous en aurons fini avec cette histoire, nous verrons ce que vous avez à dire. Quant à toi, Carotte, tu recevras la punition que tu mérites. (Il se retourna vers sa femme.) Bon. Quels qu'ils soient, nous ferons disparaître ces animaux. (Lorsque les petits furent hors de portée de sa voix, il ajouta sur un ton radouci :) Allons, allons, les enfants sont sains et saufs et, après tout, ils n'ont rien fait de bien méchant. Ils se sont simplement trouvé de nouveaux compagnons.

— Excusez-moi, madame, dit l'Astronome d'une voix pressante, mais pourriez-vous me décrire ces animaux ?

Elle secoua la tête. Les mots lui manquaient.

— Pourriez-vous au moins me dire si...

— Je suis désolé, coupa l'Industriel, mais je crois que je ferais aussi bien de m'occuper d'elle. Excusez-moi, voulez-vous ?

— Un instant, je vous en prie. Un instant. Votre femme dit ne jamais avoir vu d'animaux semblables. Sur un domaine comme celui-ci, des espèces parfaitement inconnues, ce doit être plutôt rare, non ?

— Remettons cette conversation à plus tard, voulez-vous.

— Soit. Mais il se trouve que des animaux parfaitement inconnus ont dû atterrir ici pendant la nuit.

L'Industriel s'écarta de sa femme.

— Qu'insinuez-vous au juste ?

— Nous devrions aller jeter un coup d'œil dans la grange, monsieur.

L'Industriel ne réagit pas tout de suite. Soudain, il fit volte-face et contrairement à son habitude, partit à fond de train, l'Astronome sur les talons. Derrière eux, sans qu'on lui prêtât la moindre attention, la femme gémissait toujours.

★

L'Industriel écarquilla les yeux, les reporta sur l'Astronome, les abaissa à nouveau.

— Ça ?

— Ça, dit l'Astronome. Nul doute que nous leur semblions aussi grotesques et répugnants.

— Que disent-ils ?

— Qu'ils se sentent un peu oppressés et fatigués, mais ils sont indemnes. Les petits, disent-ils, les ont bien traités.

— Bien traités ! Alors qu'ils ont été capturés, bouclés dans une cage, nourris avec de l'herbe et de la viande crue ! Dites-moi comment leur parler.

— Il faudra peut-être un peu de temps. Projetez votre pensée *vers* eux. Soyez attentif. Avec un peu de patience, le contact devrait s'établir.

L'Industriel se concentra. Les traits crispés par la tension, il ressassait un même et unique message : les petits ne savaient pas qui vous étiez.

Et soudain, leur pensée se fit jour dans son esprit : Nous en étions conscients, et si nous n'avons pas tenté de riposter, c'est que de leur point de vue, ils nous voulaient du bien.

— Riposter ? songea l'Industriel. (Abîmé au plus profond de sa pensée, il laissa le mot lui échapper à haute voix.)

La réponse afflua aussitôt dans son esprit : Mais oui, nous sommes armés.

Une des ignobles petites créatures brandit un objet métallique et brusquement, un trou se découpa dans le sommet de la cage, puis un second dans le toit de la grange, l'un et l'autre frangés de bois déchiqueté.

Nous espérons, « songèrent » les créatures, que vous n'aurez aucun mal à effectuer les réparations.

L'Industriel se trouva dans l'incapacité d'organiser sa pensée suivant un axe cohérent. Il se tourna vers l'Astronome.

— Avec cette arme en leur possession, ils se sont laissés capturer, puis emprisonner ? Cela me dépasse.

Mais la réponse lui parvint, sereine : on ne s'attaque pas aux petits d'une espèce intelligente.

★

Le soir tombait. A son insu, l'Industriel avait complètement sauté le repas du soir.

— Croyez-vous que le vaisseau volera ? demanda-t-il avec anxiété.

— Puisqu'ils le disent, j'en suis certain, dit

l'Astronome. J'espère seulement qu'ils reviendront bientôt.

— A leur retour, reprit l'Industriel avec force, je tiendrai ma part du contrat. Mieux encore, je remuerai ciel et terre pour le faire accepter par les nôtres. Je me trompais du tout au tout, docteur. Des créatures qui, même poussées à bout, refusent de s'attaquer aux enfants sont admirables. Mais, entre nous, j'ai presque honte de le dire, pourtant...

— Pourtant ?

— Les gosses. Votre fils et le mien. Dans une certaine mesure, je suis fier d'eux. Capturer ces créatures, leur donner à manger, ou tout au moins essayer, les dissimuler... vous vous rendez compte d'un culot ! Carotte m'a avoué qu'il avait eu l'idée de se faire embaucher dans un cirque grâce à eux. C'est incroyable !

— Ah ! jeunesse..., soupira l'Astronome.

★

— On décolle bientôt ? demanda le Marchand.

— Dans une demi-heure, dit l'Explorateur.

Un voyage de retour bien solitaire en perspective. Les dix-sept autres membres de l'équipage étaient morts et leurs cendres seraient abandonnées sur une planète inconnue. Ils rentraient avec un vaisseau bancal et le fardeau de sa conduite reposerait sur les seules épaules de l'Explorateur.

— Sur le plan de nos intérêts commerciaux, fit observer le Marchand, c'était une excellente opération de ne pas toucher aux petits. Nous obtiendrons des conditions avantageuses ; très avantageuses.

— Nos intérêts commerciaux ! songea l'Explorateur.

— Ils se sont tous alignés pour assister à notre départ. Tous. Dites, vous ne croyez pas qu'ils sont trop près ? A ce stade des négociations, ça la ficherait mal de brûler l'un d'eux avec le souffle du propulseur.

— Ils ne risquent rien.

— Ils sont vraiment horribles à voir, vous ne trouvez pas ?

— Plutôt agréables en dedans. Ils n'ont que des pensées amicales.

— De leur part, cela peut sembler incroyable. Le petit, là, vous savez, celui qui nous a ramassés...

— On l'appelle Carotte.

— Drôle de nom pour un monstre. Il y a de quoi rire. Il est réellement peiné de nous voir partir. Pourquoi, je n'arrive pas à le discerner avec précision. Tout ce que je sais, c'est qu'il s'agit d'une occasion perdue avec une vague organisation...

— Un cirque, dit simplement l'Explorateur.

— Comment ? Ça alors ! Quelle impertinence !

— Et pourquoi donc ? Qu'auriez-vous fait si vous l'aviez trouvé, *lui*, en train de se balader sur votre monde à *vous ;* endormi au milieu d'un champ sur la Terre, avec ses tentacules rouges, ses six pattes, ses pseudopodes et tout le bazar ?

★

Carotte regarda disparaître le vaisseau. Jusqu'au dernier instant, les tentacules rouges qui lui valaient son surnom frémirent du regret de voir s'envoler une si belle occasion et à leurs extrémités, ses yeux s'emplirent de cristaux jaunâtres et ruisselants.

Il pleurait.

LES PROFONDEURS

Tôt ou tard, toute planète doit mourir. Il peut s'agir d'une mort soudaine, si le soleil explose. Ou d'une lente agonie, s'il tombe peu à peu en décrépitude alors que les océans se transforment en glace. Dans ce dernier cas, au moins, la vie intelligente a une chance de survivre.

Ce lieu de survie peut se trouver au-delà de l'espace, sur une planète plus proche du soleil moribond, ou sur une autre planète d'un autre système solaire. Eventualité intéressante uniquement si cette planète est habitable et ne se trouve pas à des milliers d'années-lumière de la planète en sursis. A moins que le lieu de survie ne se situe à l'intérieur même de la planète-refuge, en un lieu permettant d'aménager de véritables cités souterraines et de convertir en énergie la chaleur emmagasinée par les entrailles de la planète. Pour mener à bien cette tâche, des milliers d'années peuvent être nécessaires. Un soleil, il est vrai, met très longtemps à mourir.

Mais à son tour, la chaleur de la planète décroît. Aussi faut-il s'enfoncer de plus en plus profondément pour garder le contact avec elle. Jusqu'à son total épuisement.

Ce moment approchait. A la surface, des traînées de néon se déplaçaient lentement. C'est à peine si elles parvenaient à agiter les nappes d'oxygène accumulées dans les dépressions. Parfois, pendant la brève journée, la croûte du soleil jetait un fugitif flamboiement écarlate et les nappes bouillonnaient un peu. Puis, pendant la longue nuit, une gelée d'oxygène, d'un blanc bleuâtre, se formait au-dessus d'elles et les roches nues se couvraient d'une mince rosée de néon.

A quinze cents kilomètres au-dessous de la surface subsistait un reste de chaleur. Il permettait la vie. Mais tout montrait qu'il ne la permettrait plus très longtemps.

★

Il existait entre Wenda et Roi des relations plus intimes qu'elles n'auraient dû l'être normalement, surtout de sa part à elle.

Une seule fois, le Racélogiste lui avait permis d'entrer à l'ovarium en lui faisant clairement comprendre que cela ne se reproduirait jamais de toute son existence. Après l'avoir examinée, il lui avait dit :

— Vous n'atteignez pas tout à fait la moyenne, Wenda, mais vous êtes féconde et cela suffit. Nous allons faire un essai.

Elle souhaitait, elle tenait même ardemment à la réussite de cet essai. Toute jeune, elle avait su qu'elle se situait un peu en dessous de la normale et qu'elle ne serait jamais autre chose qu'une manuelle. Cela la contrariait de penser qu'elle pouvait n'être d'aucune utilité à l'espèce, aussi attendait-elle avec impatience l'unique chance qu'on lui accordait de contribuer à la conception d'un autre être. Cet espoir se mua bientôt en obsession.

Wenda déposa son œuf à l'endroit voulu et revint le surveiller. La méthode employée pour « battre » les œufs durant la période d'insémination artificielle, afin d'assurer une même distribution des gènes (méthode qui laissait pourtant une grande part au hasard), fit, par chance, beaucoup plus qu'elle-même n'avait fait pendant que l'œuf mûrissait en son sein.

Wenda continua sans relâche sa surveillance tout au long de la période d'incubation. Avec un intérêt grandissant, elle observa ensuite le petit être sorti de cet œuf, gravant dans sa mémoire toutes ses caractéristiques physiologiques, afin de pouvoir le distinguer des autres. Puis, toujours aussi discrètement, elle veilla sur sa croissance.

C'était un enfant débordant de santé et de vigueur. Le Racélogiste s'en montrait très satisfait.

Un jour, sur un ton négligent, Wenda lui avait demandé :

— Regardez donc celui-là : est-il vraiment en bonne santé ?

— Lequel ? s'était-il inquiété. (Avoir de jeunes déficients à ce stade de leur existence aurait constitué un coup dur, capable de faire douter de sa compétence. Mais il s'était vite rassuré en voyant le petit que Wenda lui désignait.) Roi ? Il se porte comme un charme. Si seulement tous nos jeunes étaient comme lui !

Au début, elle s'était contentée d'éprouver un sentiment d'autosatisfaction. Puis elle fut effrayée, et finalement horrifiée en constatant à quel point elle se passionnait pour cet être qui croissait en force et en intelligence. Ses progrès en classe, ses jeux, tout en lui la ravissait. Elle était heureuse quand il était près d'elle ; désorientée, malheureuse quand il s'éloignait. Jamais elle n'avait entendu parler d'un tel sentiment qu'elle dissimulait comme une tare.

Certes, Wenda aurait pu consulter le Mentaliste sur son étrange état, mais elle pressentait qu'il n'aurait rien pu faire. Elle n'était pas sotte au point d'ignorer qu'il ne s'agissait pas d'une inoffensive aberration qu'un simple électro-choc aurait pu guérir. C'était une psychose, rien de moins.

Sans doute l'aurait-on enfermée si l'on avait découvert son état. Peut-être même aurait-on recouru à l'euthanasie pour la supprimer afin d'éviter une inutile dépense de cette énergie si précieuse et si chichement consentie à chacun. Et qui sait si l'on ne serait pas allé jusqu'à pratiquer l'euthanasie sur le produit de son œuf ?

Pendant des années, elle lutta en secret et en vain contre ce sentiment anormal qui l'émerveillait et la terrifiait. Cela dura jusqu'au jour où elle apprit la nouvelle : Roi avait été choisi pour accomplir le grand voyage. Alors, elle fut assaillie de craintes.

Elle le suivit dans un des longs couloirs vides, jusqu'à plusieurs kilomètres hors de la cité. *La* cité ! L'unique cité.

La caverne avait été fermée bien avant la naissance de Wenda. Les Anciens avaient évalué la population, calculé au plus juste l'espace vital, avant de décider du point où il conviendrait de fermer la caverne. La population — déjà réduite — avait été regroupée au centre et le quota, pourtant très strict, des naissances à l'ovarium encore diminué. L'objectif, en effet, était de perpétuer l'espèce, d'assurer sa continuité en attendant qu'elle pût trouver refuge sur une autre planète — ce à quoi s'employaient les savants — et, peut-être, s'y épanouir à nouveau.

Lorsqu'elle eut la certitude que nul ne serait témoin de leur entretien, Wenda rejoignit Roi. Elle le trouva mentalement peu disponible, comme entièrement absorbé dans ses réflexions intimes.

— Aurais-tu peur ? lui demanda-t-elle par la pensée.

— Oui, dit-il, j'ai peur. C'est la dernière chance de notre espèce. Si j'échoue...

— As-tu peur pour toi-même ? insista-t-elle.

Il la regarda, surpris, et Wenda se trouva toute confuse d'avoir posé une telle question.

— J'aimerais tant pouvoir partir à ta place, murmura-t-elle.

— Crois-tu pouvoir faire un meilleur travail ? demanda Roi.

— Oh, non ! Mais si j'échouais et ne revenais pas, ce serait une moindre perte pour l'espèce.

— Ce serait exactement la même chose ! Toi ou moi, c'est toujours une vie perdue.

— On dit que ce voyage sera très long, soupira Wenda.

Avec un sourire, Roi demanda :

— En connaîtrais-tu la durée ?

— Le bruit court qu'il te conduira au-delà du premier niveau...

Quand Wenda était enfant, la chaleur des couloirs s'étendait encore au-delà de la ville. Souvent, en compagnie d'autres jeunes, elle était allée explorer ces interminables galeries. Un jour qu'elle s'était aventurée plus loin, sans se préoccuper du froid qui la faisait claquer des dents, elle était arrivée dans une sorte de grande salle dont le sol s'élevait en pente douce. Elle se resserrait peu à peu avant de se terminer sur un gros bouchon hermétique. Par la suite, elle avait appris qu'au-delà de ce bouchon se trouvait le soixante-dix-huitième niveau ; puis, au-dessus, le soixante-dix-septième, et ainsi de suite.

— C'est exact, reconnut Roi. Je dois franchir le premier niveau.

— Mais il n'y a rien, au-delà ! s'écria Wenda.

— En effet, Wenda : rien ! Toute la matière solide de la planète prend fin au premier étage...

— Comment espères-tu trouver quelque chose là où il n'y a rien ? De l'air, peut-être ?

— Pas même de l'air. Je veux dire *rien :* le vide. Le vide, tu sais ce que c'est, n'est-ce pas ?

— Bien sûr ! Je sais aussi que les vides doivent être fermés hermétiquement.

— Bien raisonné pour une manuelle ! Mais le vide dont je parle est différent. Au-delà du premier niveau, il y a un énorme vide qui s'étend partout.

Wenda demeura silencieuse. Elle réfléchissait, cherchant à comprendre, mais cette notion de vide absolu dépassait son entendement.

— Quelqu'un est-il déjà allé jusque-là ? demanda-t-elle alors.

— Non. Mais nous avons toutes les indications nécessaires pour y parvenir.

— Ces indications peuvent être erronées.

— C'est possible, oui.

— Reconnais-le, Roi, tu cours un danger mortel !

— Tu connais le proverbe, Wenda : qui ne risque rien... Et le but est tellement important que personne, à ma place, n'hésiterait un seul instant. Sais-tu combien d'espace je vais parcourir ? (Elle eut un geste évasif.) Tu connais sans doute la vitesse de la lumière ?

— Mille neuf cent cinquante-quatre fois la longueur de la caverne et retour, récita Wenda. Tous les enfants l'apprennent en classe !

— Eh bien, si la lumière voyageait dans l'espace que je vais franchir, elle mettrait dix ans à le parcourir.

— Tu te moques de moi ! Tu essaies de me faire peur...

— Pourquoi le ferais-je ? Il n'y a aucune raison. Mais je me suis trop attardé à bavarder...

L'espace d'un moment, il posa légèrement sur la main de Wenda une de ses six mains et d'un mouvement instinctif, elle l'étreignit avec force, le retenant, l'empêchant de s'éloigner.

Soudain, une peur panique s'empara de Wenda. Et si l'envie prenait à Roi de sonder son esprit plus profondément que ne l'exigeait une banale conversation ? Et si, écœuré par ce qu'il aurait alors découvert, il la trahissait, la livrait au Mentaliste ? Elle se détendit. Contrairement à elle, Roi était normal. Jamais il ne rêverait de pénétrer dans les profondeurs d'un esprit ami, quelle que soit la provocation dont l'autre se rendrait coupable.

Pensive, elle le regarda s'éloigner. Il était superbe. Il avait les membres supérieurs robustes et parfaitement droits, d'innombrables vibrisses de manipulation et jamais elle n'avait vu de pièces optiques aussi opalescentes.

★

Laura s'enfonça dans son siège. Qu'il était moelleux et confortable ! Comme tout l'intérieur de cet avion, d'ailleurs, si différent du métal aux reflets glacés et inhumains qui en constituait l'extérieur.

Le berceau d'osier était posé sur le siège voisin. Elle souleva la couverture et écarta le petit bonnet de laine angora. Walter dormait. Son visage avait de bonnes joues rondes et ses paupières, frangées de longs cils, dissimulaient ses yeux. Une touffe de fins cheveux noirs avait glissé sur le front. Délicatement, Laura la repoussa sous le bonnet, puis consulta sa montre.

Ce serait bientôt l'heure du repas de Walter. Elle espérait que le bébé ne serait pas contrarié par cet environnement inhabituel : elle avait pris toutes ses précautions. Et l'hôtesse de l'air, aux petits soins pour la jeune femme et son fils, avait obligeamment mis les biberons dans un petit réfrigérateur. Tout de même, un réfrigérateur dans un avion !

Rien de tel qu'un bébé pour servir de prétexte à engager la conversation entre étrangers. Quand Laura prit Walter sur ses genoux, les regards de ses voisins convergèrent, empreints d'une cordiale curiosité, sur le paquet de linges blancs d'où émergeait une gentille frimousse rose à demi endormie encore.

N'y résistant plus, la dame qui se trouvait de l'autre côté de l'allée se pencha et s'extasia :

— Quel *adorable enfant !* Quel âge a-t-il, madame ?

Une couverture étalée sur les genoux, Laura changeait les langes de son fils. Les lèvres serrées pour ne pas laisser échapper les épingles, elle marmonna :

— Il aura quatre mois la semaine prochaine.

— Il est robuste, pour son âge !

Walter venait d'ouvrir les yeux. Son regard se posa sur la dame et sa bouche s'entrouvrit sur un sourire humide. (Les langes propres avaient le don de le faire sourire.)

— George, reprit la dame, regarde-moi ce sourire !

Son mari regarda l'enfant et fit maladroitement jouer ses gros doigts, cherchant à l'amuser.

— Goo, dit-il.

Walter partit d'un éclat de rire perçant.

— Et comment s'appelle ce bambin ?

— Walter Michael, répondit Laura, avant d'ajouter : Comme son père.

La glace était rompue. Laura apprit que ses deux voisins, George et Eleanor Ellis, partaient en vacances, qu'ils avaient eu trois enfants, deux filles et un garçon, et que l'une des filles, mariée, leur avait donné deux adorables petits-enfants.

Laura écoutait, l'expression attentive. Elle savait écouter. Walter (senior) lui avait maintes fois répété que c'était sa première qualité.

Walter commençait à s'ennuyer. Sa mère lui avait libéré les bras pour lui permettre de se dépenser un peu.

— Voudriez-vous me chauffer un biberon, s'il vous plaît, demanda-t-elle à l'hôtesse. J'espère que les mouvements de l'avion ne l'auront pas trop bousculé. Il a l'estomac fragile.

— Oh, il est encore bien jeune pour ressentir ce genre de choses, assura Mme Ellis. Ces avions sont tellement confortables qu'on n'a pas l'impression d'être en plein ciel. Il faut regarder par un hublot pour se persuader qu'on a quitté le sol. N'est-ce pas, George ?

George répondit d'un hochement de tête. Mme Ellis reprit, s'adressant à Laura.

— Je suis malgré tout un peu étonnée que vous voyagiez avec un enfant si jeune...

La jeune femme tenait Walter par-dessus son épaule et le bébé tripotait de ses menottes dodues les cheveux blonds de sa mère.

— Je vais le montrer à son père, expliqua-t-elle. Il ne l'a encore jamais vu.

M. Ellis eut l'air étonné. Sur le point de se livrer

à un commentaire, il fut pris de court par sa femme qui se hâta de demander :

— Votre mari est dans l'armée, sans doute ?

— Exactement, oui.

(M. Ellis arrondit la bouche sur un « Oh » silencieux et se tint coi.)

Avant que l'hôtesse eût le temps de revenir, les Ellis savaient que Walter senior, dans l'armée depuis quatre ans, était sergent et qu'il allait être démobilisé dans quelques mois. Mariés au cours d'une brève permission du sergent, les jeunes époux iraient passer leur lune de miel aux Philippines avant de s'installer définitivement à San Francisco.

Le retour de l'hôtesse interrompit ces confidences. Laura prit le biberon, en vérifia la température, coucha l'enfant dans le creux de son bras gauche et lui présenta la tétine.

Walter se mit à boire à longs traits, ses deux petites mains crispées autour du verre tiède, son regard bleu pâle rivé sur celui de sa mère.

Laura le serra un rien plus fort. En dépit de tous les tracas, de toutes les contraintes dont il était la cause, c'était une merveilleuse expérience que d'avoir un enfant, un enfant à soi.

★

« La théorie, pensa Gan, toujours la théorie. Il y avait un million d'années, peut-être davantage, ceux de la surface pouvaient voir l'univers, le sentir directement. A présent, avec une épaisseur de rochers de quinze cents kilomètres au-dessus de nos têtes, nous pouvons seulement tirer des déductions d'après les aiguilles frémissantes de nos instruments... »

La théorie... ce n'était encore qu'une théorie, à laquelle, pourtant, les techniciens étaient fermement attachés, qui prêtait d'extraordinaires pouvoirs aux cellules cérébrales. Lorsque leur potentiel électrique dépassait la normale, celles-ci émettaient une énergie nouvelle qui n'était pas de l'énergie électromagnétique. Toujours selon la théorie, cette énergie se déplaçait à une vitesse bien supérieure à celle de la lumière. Etroitement associée aux plus hautes fonctions du cerveau, elle constituait une des caractéristiques essentielles réservées aux créatures intelligentes et pensantes. Il était possible de la déceler à des distances considérables.

L'aiguille d'un appareil d'une extrême sensibilité avait permis de détecter un tel champ énergétique qui s'était propagé jusque dans la caverne. D'autres aiguilles avaient déterminé la direction et la distance d'où provenait l'influence de ces champs, à dix années-lumière seulement. On en avait déduit qu'une étoile, au moins, s'était rapprochée depuis l'époque fort lointaine où ceux de la surface avaient calculé que l'astre le plus proche se trouvait à cinq cents années-lumière. A moins que la théorie n'ait été erronée ?

Sans avertissement préalable, Gan imprima sa question dans l'esprit de Roi.

— As-tu peur ?

— C'est une lourde responsabilité, dit Roi.

« Les *autres* parlaient déjà de responsabilité », pensa Gan. Pendant des générations, les techniciens du cerveau ont travaillé à la mise au point de l'appareil et de sa station réceptrice. Ils n'y sont parvenus que tout récemment. Qu'étaient leurs responsabilités, cependant, à côté de celles que nous allons prendre, et Roi le premier ?

— C'est une responsabilité, reconnut-il. Nous

parlons souvent de l'extinction de l'espèce. Nous sommes tous d'accord pour affirmer qu'elle est inéluctable. Pas maintenant, pas de nos jours, mais tôt ou tard, le moment viendra. Comprends-tu, Roi ? Il en sera ainsi. Ce que nous nous apprêtons à tenter consumera les deux tiers de nos réserves d'énergie. Il n'en restera plus assez pour faire un nouvel essai, pas même assez pour que la génération présente vive encore longtemps. Cela n'a aucune importance si tu suis exactement les instructions. Nous avons pensé à tout. Depuis des générations, nous avons travaillé à résoudre tous les problèmes.

— J'accomplirai ma mission, dit simplement Roi.

— Ton champ de pensée va se mêler à ceux qui nous viennent de l'espace. Chaque champ de pensée est caractéristique de celui qui l'a émis. La probabilité que l'un d'eux soit le double exact d'un autre est presque inexistante. Mais d'après nos estimations, les champs de pensée que nous avons décelés se chiffrent par milliards. Il y a donc beaucoup de chance pour que ton champ soit très semblable à l'un des leurs. Dans ce cas, une résonance s'établira aussi longtemps que le résonateur sera en marche. Connais-tu les principes ?

— Oui, monsieur.

— Tu sais donc que pendant la durée de la résonance, ton esprit se trouvera sur la planète X, dans le cerveau de la créature qui a un champ de pensée identique au tien. Cette première phase de l'opération n'entraîne aucune dépense d'énergie. Elle se produira plus tard. Une fois établi ce premier contact, nous te mettrons en relation mentale avec la station réceptrice. Le transfert de la matière, dernière phase de l'opération, entraînera une consommation d'énergie équivalente à celle que nous dépenserions en un siècle. Mais je le répète, c'est sans importance.

Gan prit le cube noir constituant la station réceptrice et l'examina d'un œil pensif. Il y avait seulement trois générations, personne ne croyait qu'il fût possible de construire un tel engin, réunissant toutes les propriétés requises, sous un volume de moins de vingt mètres cubes. Aujourd'hui, Gan pouvait le tenir dans le creux de sa main.

— Le champ de pensée d'un cerveau intelligent peut suivre un autre cerveau d'un genre bien défini et en quelque sorte s'y associer. Dans le cas qui nous intéresse, il suffit que la créature à laquelle appartient ce cerveau possède, comme toute créature vivante, quelle que soit sa planète d'origine, une protéine de base et une chimie organique à base d'eau et d'oxygène. Si le monde où elle se trouve est viable pour elle, il le sera également pour nous.

« La théorie, pensa Gan, plus profondément, toujours cette sacrée théorie ! »

— Cela ne veut pas dire que le corps dans lequel se retrouvera ton esprit, sa forme de pensée, ses sentiments ne nous seront pas rigoureusement étrangers. Aussi avons-nous prévu trois méthodes différentes, entre lesquelles tu devras choisir pour actionner la station réceptrice. Si le corps d'accueil est très robuste, fais-lui exercer une pression sur une des faces du cube. S'il est délicat, fais-lui presser ce bouton-là, à l'intérieur. Si, enfin, le corps n'a pas de membres, s'il est paralysé ou incapable de se mouvoir pour quelque raison que ce soit, déclenche la station réceptrice en usant de ton énergie mentale. A partir du moment où la station fonctionnera, nous n'aurons plus un seul point de référence, mais deux, et l'espèce entière pourra être transportée sur la planète X par simple téléportation.

— Si je comprends bien, dit Roi, nous utiliserons pour le transfert de l'énergie électromagnétique.

— Et alors ?

— Alors, cela nous prendra dix ans !

— Nous ne serons pas conscients de la durée.

— Je sais, monsieur, mais la station réceptrice devra demeurer sur la planète X pendant toute la durée de notre transfert. Que se passera-t-il si elle est détruite entre-temps ?

— Nous y avons pensé, Roi. Nous avons pensé à tout. Une fois activée, la station produira un champ paramasse qui sera soumis à l'attraction gravitationnelle de la planète. Elle se glissera à travers la couche superficielle de la planète jusqu'à ce qu'elle ait atteint un point où la densité de la matière sera plus élevée et la friction suffisante pour l'arrêter. Il y faudra, selon nos estimations, une épaisseur de rochers d'une dizaine de mètres. La station y restera pendant le temps nécessaire au transfert, après quoi un contre-champ la ramènera à la surface. Alors, l'un après l'autre, les membres de notre espèce feront leur apparition sur la planète.

— Mais alors, pourquoi la station ne se déclencherait-elle pas automatiquement ? La plupart de ses fonctions sont déjà automatiques...

— Tu ne peux penser à tout, Roi. Nous l'avons fait. Dis-toi bien que n'importe quel endroit de la surface de la planète d'accueil ne convient pas forcément à notre établissement. Si ses habitants sont puissants, s'ils ont atteint un degré de civilisation avancé, il est prudent de trouver un emplacement discret où nous installer. Ce serait, par exemple, une erreur d'apparaître en pleine ville. Nous devons être certains que l'environnement immédiat ne représente lui-même aucun danger.

— A quelle sorte de danger faites-vous allusion ?

— Je l'ignore, justement. Les anciens documents que nous avons conservés concernant la vie à la surface mentionnent quantité de choses qui ont perdu tout sens à nos yeux. Elles n'expliquent pas pourquoi, depuis tant de générations, peut-être cent mille, nous sommes si loin de la surface. Nos savants ne sont pas non plus d'accord sur la nature physique des étoiles et c'est toujours l'objet de fréquentes discussions. En quoi consistent les « tempêtes », les « volcans », les « tornades », les « tremblements de terre », les « avalanches », les « marées », les « éclairs » et quantité d'autres phénomènes dont parlaient couramment les Anciens ? Ces termes, qui se rapportent à des manifestations de la surface, ne signifient rien pour nous. Nous savons seulement qu'ils sont dangereux et nous n'avons aucune idée sur les moyens à employer pour s'en protéger. Dans l'esprit de votre hôte, peut-être apprendrez-vous ce qu'il est nécessaire que nous sachions afin de pouvoir prendre les précautions voulues.

— De combien de temps disposerai-je, monsieur ?

— Relativement peu. Le résonateur ne peut rester en état de marche plus de douze heures d'affilée. Il te faudra donc mettre en place la station réceptrice et la déclencher pendant ce laps de temps. Tu reviendras ici aussitôt après.

— Je suis prêt, dit Roi.

Gan le précéda en direction d'un cabinet aux parois de verre embué. Roi s'installa sur le siège, cala bras et jambes dans les creux appropriés et plongea ses vibrisses dans le mercure pour favoriser le contact.

— Et si je me retrouve dans un corps sur le point de mourir ? demanda-t-il soudain.

— Quand un être est à l'agonie, son champ de pensée est déjà décomposé, le rassura Gan tout en réglant les cadrans. Aucun contact ne pourrait donc s'établir avec le tien.

— Et s'il était sur le point de mourir accidentellement ? insista Roi.

— Cela aussi, nous l'avons envisagé. Nous ne pouvons rien faire pour te protéger ; toutefois, les risques de mort subite, qui ne nous permettraient pas d'activer la station, sont infimes : à peine un sur vingt trillions. A moins que les mystérieux dangers de la surface ne soient plus mortels que nous ne le supposons... Tu disposeras d'une minute.

Bizarrement, la dernière pensée de Roi avant la translation fut pour un être auquel il ne pensait jamais : Wenda.

★

Laura s'éveilla dans un sursaut. Que lui arrivait-il ? Elle eut l'impression qu'on venait de la piquer avec une épingle.

Le soleil déclinant, qui la frappait en plein visage, la contraignit à cligner des yeux. Elle baissa le rideau et se pencha sur le berceau pour contempler son fils.

Elle fut surprise de le trouver les yeux grands ouverts. Déjà l'heure du biberon ? Elle consulta sa montre. Non, Walter avait encore une bonne heure à attendre. Laura était une adepte de la méthode biberon-à-volonté, mais d'habitude, Walter était très régulier dans ses exigences.

Elle approcha son visage de celui du bébé et plissa le nez.

— Déjà affamé, mon lapin ?

Walter ne pipa pas. Wenda était déçue. Elle eût aimé recevoir sa réponse sous forme de sourire. Elle eût adoré le voir rire aux éclats, puis la prendre par le cou en criant « Maman », mais pour cela, il lui faudrait faire preuve de patience. Par contre, sourire, il savait le faire.

D'un doigt léger, elle lui tapota le menton en murmurant « Goo-goo-goo-goo ! ». C'était d'ordinaire une recette infaillible pour lui arracher un sourire.

Il se contenta de la regarder en clignant des yeux.

— Pourvu qu'il ne soit pas malade ! s'inquiéta Laura en jetant un regard anxieux sur sa voisine.

Mme Ellis posa son journal.

— Quelque chose qui ne va pas ?

— Je ne sais pas. Walter me paraît tout drôle.

— Pauvre chou ! Il doit être fatigué.

— Si c'était le cas, il dormirait.

— Il est dans un environnement étrange. Peut-être est-il désorienté.

Mme Ellis se leva et vint se pencher sur le berceau.

— Alors, mon petit bonhomme, qu'est-ce qui ne va pas ? Tu te demandes où tu es, hein ? (Suivirent un certain nombre de borborygmes.)

Walter détourna les yeux de sa mère et regarda gravement Mme Ellis.

Soudain, celle-ci se redressa avec une grimace. Portant la main à sa tête, elle murmura :

— Mon Dieu, quelle curieuse sensation !

— Vous croyez qu'il a faim ? demanda Laura.

— Seigneur, non ! lui assura Mme Ellis dont le visage avait retrouvé toute sa bonhomie. Les enfants vous font toujours savoir quand ils ont faim. Je sais ce que c'est : j'en ai eu trois...

— Je vais tout de même demander à l'hôtesse de lui faire chauffer un nouveau biberon.

— Si cela peut vous tranquilliser...

Lorsqu'on lui eut apporté le biberon, Laura prit Walter dans ses bras, lui déposa sur la joue un baiser rapide et approcha la tétine de ses lèvres.

A cet instant précis, il se mit à hurler.

La bouche grande ouverte, les bras tendus, doigts largement écartés, son petit corps raide comme du bois, il poussait des cris perçants qui résonnaient dans toute la cabine.

De saisissement, Laura poussa une exclamation et lâcha le biberon qui s'écrasa sur le sol dans une grande éclaboussure blanche.

Mme Ellis tressaillit. Une demi-douzaine de passagers, y compris M. Ellis, furent arrachés à leur somnolence.

— Que se passe-t-il ? demanda Mme Ellis.

— Je ne sais pas. Je ne sais pas. (Laura secouait l'enfant, lui donnait de petites claques dans le dos en répétant :) Ne pleure pas, mon petit, ne pleure pas.

L'hôtesse arriva en trombe. Son pied frôla le cube qui se trouvait sous le siège de Laura.

Le visage congestionné, Walter hurla de plus belle.

★

La stupeur déferla dans l'esprit de Roi. L'instant d'avant, il était encore relié à la pensée claire, cohérente de Gan ; puis, sans qu'il ait eu conscience d'une quelconque rupture, il s'était trouvé mêlé à un chaos de pensées, confuses et primitives.

Il obstrua complètement son esprit. Il l'avait d'abord largement ouvert pour amplifier l'effet de résonance, et le premier contact avait été... douloureux ? Non, pas vraiment. Surprenant ? Ecœurant ? Ce n'était pas tout à fait cela non plus. Roi ne parvenait pas à définir ce qu'il avait ressenti.

Il se recueillit dans le tranquille néant de son esprit livré à lui-même et fit le point. Il sentait le léger contact de la station réceptrice avec laquelle il était en liaison mentale. Elle l'avait suivi. Parfait !

Pour le moment, il ne tenait aucun compte de son hôte. Il pourrait en avoir besoin par la suite et lui confier des actions énergiques. Aussi était-il sage de ne pas éveiller sa méfiance.

L'esprit de Roi procéda à une exploration circonspecte des environs. Au hasard, il pénétra dans un autre esprit. La créature était sensible à certaines parties du spectre électromagnétique, aux vibrations de l'air et, naturellement, aux contacts physiques. Elle possédait donc des sens localisés.

Mais c'était à peu près tout. Ebahi, Roi fit une nouvelle tentative : aucun sens de masse, aucun sens électro-potentiel et surtout, aucun contact mental n'existait entre ces créatures. L'esprit de chacune d'elles était complètement isolé.

Comment communiquaient-elles donc ? En observant plus attentivement, Roi constata qu'elles se servaient pour cela des vibrations de l'art qu'elles soumettaient à un code apparemment très complexe.

De tels êtres étaient-ils intelligents ? Avait-il choisi un esprit déficient ? Non, tous fonctionnaient de la même façon.

Roi essaya tour à tour les différents esprits qui l'entouraient, cherchant un technicien parmi ces intelligences à demi développées ou à demi atrophiées.

Enfin, il en trouva un qui tirait fierté de sa fonction de pilote. Roi en déduisit qu'il se trouvait dans un engin qui se mouvait dans l'espace à une distance relativement faible de la surface de la planète.

Il en fut surpris. Ainsi donc, même sans télépathie, ces êtres avaient pu édifier une civilisation mécanique rudimentaire ? Ou alors... existait-il, quelque part sur la planète, des espèces animales supérieures ? Non, répondaient catégoriquement leurs esprits.

Roi se concentra sur le technicien. Quel était leur environnement immédiat ? Qu'en était-il au juste de ces phénomènes que redoutaient les Anciens ? Tous ces phénomènes existaient, mais on pouvait les interpréter de diverses façons. Oui, l'environnement pouvait être dangereux. Déplacement d'air. Changements de température. Chutes d'eau, sous forme liquide ou solide. Brutales décharges électriques. A chaque phénomène correspondait une vibration-code dans le langage des créatures. Mais le rapport de chacune d'elles avec les noms donnés par les Anciens aux phénomènes qu'ils avaient observés restait flou.

Aucune importance. Y avait-il, maintenant, du danger ? Une raison quelconque de s'inquiéter ?

Non ! L'esprit du technicien était formel.

Cela suffisait. Rassuré, Roi réintégra l'esprit de son hôte et se détendit. Puis, avec d'infinies précautions, il tenta d'établir le contact.

Rien !

L'esprit de son hôte était vide. Roi ne ressentit qu'une vague sensation de chaleur. Etait-il moribond ? Aphasique ? Décervelé ?

Afin de s'en informer, Roi pénétra dans l'esprit de la créature la plus proche. Il y découvrit que son hôte était un jeune de l'espèce. Un enfant.

Un enfant ? Etait-il normal ? Mais alors, ce sous-développement...

Il s'efforça de fusionner son esprit avec le peu qui existait dans le cerveau de son hôte. Il chercha le moteur du cerveau et finit par le trouver, non sans peine. Le plus imperceptible des stimuli provoqua une agitation frénétique des membres de l'enfant. Il tenta d'établir un contact plus efficace. En vain.

Roi sentit la colère monter en lui. Avaient-ils vraiment pensé à tout, ainsi que le prétendait Gan ? Avaient-ils pensé qu'il pouvait exister une intelligence fonctionnant sans contact mental ? Avaient-ils pensé aux jeunes créatures, pas plus développées que si elles se trouvaient encore dans l'œuf ?

Conclusion : il était dans l'impossibilité de déclencher, par l'intermédiaire de son hôte, la station réceptrice. L'esprit, les muscles de ce dernier étaient trop faibles pour qu'il pût recourir à l'une des trois méthodes décrites par Gan.

Roi se concentra intensément. Certes, il ne parviendrait pas à influencer le cerveau si imparfait de son hôte, mais pourrait-il, à travers lui, influencer un cerveau adulte ? Une influence physiologique directe ne durerait pas plus d'une minute, le temps que se dissocient les molécules appropriées d'adenosine triphosphate et d'acetylcholine. Après quoi, la créature serait livrée à elle-même.

Craignant un autre échec, Roi hésita tout d'abord à tenter l'expérience ; puis, tout bien pesé, il décida d'essayer à nouveau l'esprit voisin. C'était celui d'une femelle. Elle se trouvait dans l'état d'inhibition temporaire qu'il avait déjà observé chez les autres. Il n'en fut guère surpris : des esprits aussi rudimentaires devaient avoir besoin de répits périodiques.

Il chercha à le stimuler. L'effet fut immédiat : la vie réintégra les zones conscientes. Des sensations affluèrent et le niveau de pensée s'éleva.

Un bon résultat.

Insuffisant, néanmoins. Ce n'était qu'une brève excitation, un simple attouchement, et non un ordre en vue d'une action déterminée.

Mal à l'aise, il s'agita sous le flot d'émotions qui le submergeait. Elles venaient de l'esprit qu'il avait voulu stimuler et s'adressaient non à lui, bien sûr, mais à l'enfant, son hôte. Cette démonstration, qui rejoignait les instincts les plus primitifs, l'agaçait et il ferma son esprit à la déplaisante chaleur des sentiments exprimés par la femme.

Mais voici qu'un second esprit se concentra sur son hôte. Eût-il été de chair et d'os, ou eût-il contrôlé un esprit plus développé qu'il se fût fâché tout rouge. Par toutes les cavernes, est-ce qu'ils n'allaient pas lui ficher un peu la paix qu'il puisse enfin se concentrer sur son travail ?

Il projeta une violente décharge dans l'esprit indiscret, activant les centres de la douleur. L'esprit se retira aussitôt.

Roi était content de lui. Cette fois, il s'était agi d'autre chose que d'une stimulation pure et simple et le résultat avait été encourageant. L'atmosphère mentale était parfaitement dégagée.

Il revint au technicien qui conduisait le véhicule. Un pilote devait connaître tous les détails de la surface au-dessus de laquelle ils passaient.

L'eau ? Roi comprit aussitôt la réponse.

De l'eau ! Et encore plus d'eau !

Au même instant, le mot « océan » prit pour lui tout son sens. Ce vieux mot d'océan que la tradition avait préservé jusqu'à eux. Qui aurait pu rêver d'une telle quantité d'eau ?

Mais si c'était là l'océan, cet autre mot, « île », lui aussi transmis par la tradition, avait une signification évidente. Il décida d'investir toute son énergie mentale dans cette quête aux renseignements géographiques. L'océan était parsemé de points de terre émergeants, mais il lui fallait davantage de...

A cet instant précis, il reçut une impulsion de surprise : son hôte se déplaçait à travers l'espace. La femelle le pressa contre son corps.

Ouvert comme il l'était à tout ce qu'il pouvait recueillir, l'esprit de Roi fut assailli par les émotions de la femme. Il chancela. Dans un effort pour éloigner ces passions bassement animales, il se cramponna aux cellules cérébrales de son hôte. Mais sa réaction fut trop soudaine, trop brutale et la douleur envahit l'esprit de l'enfant. Presque aussitôt, tous les esprits environnants réagirent aussi aux vibrations provoquées.

Dépité, Roi essaya de diminuer la souffrance qu'il venait involontairement de causer. Il obtint le résultat contraire.

A travers le brouillard mental de son hôte provisoirement paralysé par la douleur, il lutta pour conserver l'embryon de contact. Puis son esprit se figea. C'était maintenant ou jamais. Il avait vingt minutes, guère plus. D'autres chances se présenteraient peut-être par la suite, mais celle-ci était inespérée. Pourtant, aussi longtemps que l'esprit de son hôte était à ce point bouleversé, il n'osait pas guider les actions d'un autre sujet.

Il battit en retraite, se réfugia dans le recueillement de son propre esprit, maintenant le plus imperceptible des liens avec les cellules spinales de son hôte. Il attendait.

Il lui restait cinq minutes. Il se décida pour un sujet.

★

— On dirait que votre bébé se sent un peu mieux, dit l'hôtesse.

— Jamais je ne l'avais vu dans un état pareil, murmura Laura. Jamais !

— Une colique, peut-être ?

— A moins qu'il ne soit trop couvert, fit observer Mme Ellis.

L'hôtesse déroula la couverture et retroussa la chemise, exposant un petit ventre rose et rond. Walter gémissait toujours.

— Voulez-vous que je le change ? demanda-t-elle. Il est tout mouillé.

— C'est très gentil à vous, merci.

Les passagers voisins avaient tous retrouvé leurs sièges ; seuls, M. et Mme Ellis s'étaient attardés dans l'allée.

— Tu as vu, dit M. Ellis, sous le siège ?

Laura et l'hôtesse, affairées autour de Walter, n'entendirent pas ses paroles et Mme Ellis les ignora délibérément, selon sa bonne habitude.

M. Ellis ne s'était attendu à aucune réaction de sa part. Sa question avait été de pure forme. Il se baissa et ramassa la boîte. Cette fois, sa femme réagit.

— Voyons, George, ne touche pas aux bagages de Madame. Tu ferais mieux de t'asseoir. Tu es dans le passage.

Rouge de confusion, George se redressa. Laura considéra la boîte d'un œil encore humide de larmes.

— Elle n'est pas à moi. Pour tout dire, j'ignorais qu'elle se trouvait sous le siège.

— Qu'est-ce que c'est ? demanda l'hôtesse qui s'arrêta un instant de pouponner pour regarder la boîte.

M. Ellis haussa les épaules.

— Une boîte, c'est tout.

— Que veux-tu faire de ça ? grogna Mme Ellis.

En vain, M. Ellis se creusa-t-il la tête. Que voulait-il en faire ?

— Simple curiosité, marmonna-t-il.

— Et voilà ! s'exclama l'hôtesse. Un joli bébé tout frais et rose. Dans deux minutes, on aura oublié son gros chagrin, n'est-ce pas, trésor ?

Le trésor, cependant, sanglotait toujours. Voyant un autre biberon s'approcher de son visage, il se détourna carrément.

— Je vais le réchauffer un peu, dit l'hôtesse.

Elle descendit l'allée.

M. Ellis se décida. Avec fermeté, il posa la boîte sur le bras de son fauteuil, sans tenir compte le moins du monde du regard courroucé de sa femme.

— Je ne fais rien de mal, fit-il remarquer. Je me contente de regarder. En quoi peut-elle être, je me le demande.

Il la tapota du bout des doigts. Aucun des autres passagers ne lui prêtait la moindre attention. Pas plus qu'à la boîte. Ce manque général d'intérêt avait tout d'une attitude « concertée ». Quelque chose, semblait-il, les « empêchait » de regarder de ce côté-là. Même Mme Ellis, en grande conversation avec Laura, tournait le dos à son mari.

M. Ellis retourna la boîte et trouva l'ouverture. Car c'était une ouverture, il le *savait*. Assez large pour qu'on puisse y insérer un doigt. Bien qu'il n'eût aucune raison particulière de vouloir insérer son doigt dans la boîte. Doucement, il introduisit son index dans l'ouverture. A l'intérieur, il trouva un bouton sur lequel il pressa.

La boîte frissonna et lui échappa des mains. Il la vit traverser le bras du fauteuil.

Puis le plancher. Lorsqu'elle eut disparu, il chercha, en vain, une trace quelconque de son passage. Rien ! Avec d'infinies précautions, il étendit ses mains devant lui et considéra ses paumes. Ensuite, l'œil hébété, il s'agenouilla et palpa le plancher.

L'hôtesse, qui revenait avec le biberon, s'enquit poliment :

— Auriez-vous perdu quelque chose ?

— George ! s'exclama Mme Ellis.

M. Ellis se mit debout.

— C'est cette boîte, commença-t-il avec émotion. Elle — elle m'a échappé des mains et je l'ai vue glisser...

— Quelle boîte, monsieur ?

— Puis-je avoir le biberon ? demanda Laura. On dirait qu'il sèche ses larmes.

— Mais bien sûr ! Tenez.

Laura prit le biberon que lui tendait l'hôtesse. Walter, qui avait retrouvé son sourire, se mit à boire comme s'il n'avait rien avalé depuis vingt-quatre heures. On entendait de petits bruits de déglutition. Sa mère leva un visage rayonnant.

— La crise est terminée. Merci infiniment, mademoiselle, et vous aussi, madame Ellis. L'espace d'un instant, j'ai bien cru qu'on m'avait changé mon Walter.

— Cette boîte, murmura M. Ellis, cette boîte... (Il s'arrêta net.)

Quelle boîte ?

A bord de l'avion, un esprit, un seul, pouvait suivre la rapide parabole que décrivait le cube en tombant, insensible au vent, à la résistance de l'air ou aux molécules qui entravaient sa chute.

Au-dessous, l'atoll n'était guère plus gros qu'un point au cœur d'une cible. Jadis, pendant la guerre, il pouvait s'enorgueillir d'une piste d'atterrissage et de baraquements. Mais les baraquements s'étaient effondrés et la piste n'était plus qu'une traînée irrégulière. L'atoll était désert.

Le cube frappa le feuillage des palmiers, traversa un gros tronc puis s'abîma dans le corail, sans provoquer le plus léger nuage de poussière. A la distance voulue de la surface, il s'immobilisa, pressé de toutes parts par la roche à laquelle il ne s'intégra pas.

Et ce fut tout.

Car rien ne devait se produire avant dix ans.

★

— Nous avons déjà annoncé le succès de ta mission, dit Gan. Tu mérites un repos bien gagné !

— Me reposer ? s'écria Roi. Jamais de la vie ! Ma joie est trop grande de revenir avec mon esprit tel qu'il était quand je suis parti.

— Cette intelligence sans contact mental, cela t'a beaucoup gêné ?

— Oui, répondit Roi, sèchement.

Conscient de ses réticences, Gan se retint de sonder plus avant l'esprit troublé.

— Et la surface, reprit-il, à quoi ressemble-t-elle ?

— Horrible ! Ce que les Anciens appelaient « soleil » est une tache brillante à l'éclat insupportable. Il s'agit, semble-t-il, d'une source de chaleur et de lumière dont les apparitions alternent à des périodes régulières : le jour et la nuit. Mais il se produit d'autres variations, imprévisibles, celles-ci.

— Les nuages, peut-être ?

— Pourquoi, les nuages ?

— Tu connais la locution traditionnelle : Les nuages cachent le soleil.

— Vous croyez ? C'est possible, en effet.

— Continue.

— Je vous ai expliqué ce qu'étaient l'océan et les îles. Quant à l'orage, c'est l'humidité de l'air qui se condense en gouttes. Le vent n'est autre qu'un déplacement rapide d'une grande quantité d'air. Le tonnerre est une décharge spontanée accompagnée d'un grand fracas. La neige est de la glace qui tombe...

— Stupéfiant ! Et d'où proviendrait cette glace ? Comment se serait-elle formée ? Pourquoi ?

— Je l'ignore. Tout ceci est très variable. L'orage, la tempête sont des phénomènes passagers. Il existerait des régions où il fait toujours froid, d'autres où il fait toujours chaud, d'autres enfin où chaud et froid alternent.

— C'est vraiment incroyable. Serait-il possible que tu aies mal interprété le sens de leurs pensées ?

— Non. Je suis sûr de moi. J'ai eu tout le temps nécessaire pour explorer leurs pauvres esprits. Trop de temps, même.

A nouveau, Roi ferma ses pensées à la projection mentale de Gan.

— C'est parfait, reprit celui-ci. J'ai toujours été effrayé par notre tendance à romancer ce prétendu Age d'Or. Cela m'amenait à redouter un fort mouvement d'opinion en faveur de notre installation en surface.

— Impossible, trancha Roi.

— Evidemment, après ce que tu m'as dit, je doute fort que les plus hardis d'entre nous envisagent de vivre, même un seul jour, dans un milieu comme celui que tu leur décriras, avec ses tempêtes, ses jours, ses nuits et ses imprévisibles variations. (Gan était soulagé.) Dès demain, nous commencerons les opérations de transfert. Une fois sur l'île... inhabitée, m'as-tu dit ?

— Totalement. C'était la seule de ce type au-dessus de laquelle nous soyons passés. Les informations fournies par le technicien étaient très précises.

— Bien ! Une fois sur l'île, disais-je, nous commencerons l'installation. Il y faudra des générations, mais à la fin de cette longue peine, nous serons dans les Profondeurs d'un monde nouveau et tiède. Blottis dans nos cavernes, nous utiliserons un environnement favorable pour développer de vraies cultures et améliorer notre mode d'existence.

— A condition, dit Roi, d'éviter tout contact avec les créatures de la surface.

— Mais pourquoi ? Sans doute sont-elles primitives, mais une fois notre base solidement établie, elles pourraient nous être utiles. Une espèce capable de construire des engins volants doit tout de même être ingénieuse...

— Là n'est pas la question. Ils sont agressifs, monsieur. A la première occasion, ils nous attaqueraient avec une férocité tout animale et...

— Il est certain que ton psychisme répugne à aborder le sujet. J'ai l'impression que tu me caches quelque chose.

— Au début, je pensais moi aussi que nous

pourrions les utiliser, reconnut Roi. Si leur attitude rendait impossibles des rapports amicaux, nous aurions toujours eu la possibilité de les contrôler. J'ai obligé l'un d'eux à établir le contact à l'intérieur du cube et croyez-moi, ce ne fut pas sans mal. Leur esprit est trop différent du nôtre.

— Précise, veux-tu ?

— Aucune description ne pourra vous faire comprendre à quel point cette différence est fondamentale. Laissez-moi plutôt vous donner un exemple. Je me suis retrouvé dans l'esprit d'un enfant. Chez eux, la croissance ne s'effectue pas en vase clos. Les enfants sont à la charge des individus. La créature qui avait la charge de mon hôte...

— Poursuis.

— Cette créature (il s'agissait d'une femelle) éprouvait pour l'enfant une attirance particulière. Un certain sentiment de propriété, un lien qui excluait le reste de la société. Vaguement, je détectai quelque chose qui pouvait être rapproché du sentiment d'amitié, mais en beaucoup plus intense et sans aucune retenue.

— Je vois, dit Gan. Privés de pouvoirs télépathiques, ils ne peuvent avoir aucune conception de la vie en société. Mais c'était peut-être un cas pathologique ?

— Pas du tout. Ce comportement est la règle commune. La femelle en charge de l'enfant n'était autre que sa mère.

— Impossible. Sa propre mère ?

— Mais oui. Figurez-vous que l'enfant passe la première partie de son existence à l'intérieur de sa mère. Je dis bien, à l'intérieur. C'est là que l'œuf est fertilisé ; il s'y développe et le petit en sort vivant.

— Par toutes les cavernes ! murmura Gan d'une voix faible. Ainsi, chaque créature peut connaître l'identité de ses enfants et chaque enfant aurait un père spécifique...

— Qu'il connaît, lui aussi ! Mon hôte franchissait près de huit mille kilomètres pour être présenté à son père.

— Incroyable !

— Vous faut-il d'autres preuves de l'incompatibilité irréversible qui existe entre nos esprits et ceux de ces créatures ?

Un nuage de regret assombrit les pensées de Gan.

— Quel dommage, soupira-t-il. J'avais pensé...

— Quoi donc, monsieur ?

— J'avais espéré que, pour la première fois, deux intelligences pourraient s'aider mutuellement. Grâce à cette collaboration, nos deux civilisations auraient pu progresser plus vite. Même si leur technologie était plus primitive que la nôtre, nous aurions pu apprendre quelque chose de leur expérience. Après tout, la technologie n'est pas tout.

— Apprendre quoi ? coupa Roi avec véhémence. A connaître nos parents ? A être les amis de nos enfants ?

— Non, tu as raison. La barrière qui nous sépare doit demeurer infranchissable. Ils conserveront la surface, et nous aurons les Profondeurs.

En quittant le laboratoire, Roi rencontra Wenda qui l'accueillit avec de joyeuses pensées. « Je suis si contente que tu sois de retour, Roi ! »

Et lui aussi se sentait tout heureux. Comme c'était reposant d'établir un contact mental avec un être qui était votre ami, rien d'autre que votre ami.

L'ATTRAPE-NIGAUD

Tel un éclair silencieux, le vaisseau *Triple G.* jaillit hors du vide de l'hyper-espace et pénétra dans le plein de l'espace-temps. Il émergea au milieu du scintillement de l'amas d'étoiles d'Hercule. Petite balle de métal environnée par d'innombrables soleils dont les forces d'attraction gravitationnelles exerçaient sur elle de violentes torsions, son équilibre était précaire, mais les computers de bord avaient bien fait leur travail et le vaisseau avait opéré une percée impeccable, juste là où il fallait, à une journée de voyage — dans les conditions habituelles du vol spatial — du Système Lagrange.

Cette situation n'était pas du tout perçue de façon identique par les différents individus qui se trouvaient à bord. Pour les membres de l'équipage, elle représentait vingt-quatre heures de boulot bien payées et une escale où ils pourraient enfin se reposer. La planète vers laquelle ils se dirigeaient était inhabitée, mais même sur un astéroïde, l'escale constituait toujours une parenthèse agréable. Peu leur importait de savoir ce qu'en pensaient les passagers. En fait, l'équipage manifestait à l'égard des passagers un mépris à peine dissimulé. Pour tout dire, ils s'évitaient.

Et quels passagers : des grosses têtes !

Tous, à l'exception d'un seul. Des savants, pour parler poliment — et un drôle d'assortiment. S'ils ressentaient en ce moment même la moindre émotion commune, c'était pour se tracasser une fois de plus au sujet de leur précieux matériel auquel ils auraient aimé pouvoir jeter un dernier coup d'œil avant l'atterrissage.

Et cependant — qui sait — peut-être étaient-ils un rien inquiets et tendus. Une planète inhabitée. A mainte reprise, tous avaient exprimé avec une égale fermeté leur certitude à ce propos. Mais entre ce qu'on dit et ce qu'on pense...

Quant au passager le plus insolite — ni un membre de l'équipage, ni vraiment un savant — il ressentait surtout une profonde lassitude. Non sans peine, il parvint à se lever et lutta pour chasser les derniers vestiges du mal de l'espace. Depuis quatre jours qu'il était au lit, Mark Annuncio n'avait rien avalé ou presque, tandis que le vaisseau allait et venait dans l'espace, dévorant les années-lumière.

Aujourd'hui, sa propre fin ne lui semblait plus aussi proche et il se devait de répondre à la convocation du Capitaine. En son for intérieur, Mark se sentait irrité de cette convocation. C'était un être indépendant, qui voyait uniquement ce qu'il voulait bien voir. Pour qui se prenait ce Capitaine de...

A nouveau, il fut tenté d'aller tout raconter au Dr Sheffield et d'en rester là.

Mais la curiosité était la plus forte. Il devait y aller.

La curiosité était son vice. D'ailleurs, n'était-ce

pas aussi sa profession et, dans une certaine mesure, sa mission dans l'existence ?

★

La plupart du temps, Follenbee, capitaine du *Triple G.*, se flattait de savoir garder la tête froide. Cette expédition n'était pas la première dont il se chargeait pour le compte du gouvernement. Primo, elles rapportaient gros. La Confédération ne lésinait pas. Chaque fois, son vaisseau avait droit à un examen complet et les pièces défectueuses étaient remplacées. L'équipage, de son côté, n'avait pas à se plaindre des conditions. Un bon filon, quoi. Vraiment bon.

Cette fois-ci, bien sûr, c'était différent.

Pas tellement à cause des drôles de citoyens qu'il transportait. (Il s'était attendu à des frictions, des accès de mauvaise humeur, une insupportable étourderie, mais les grosses têtes, en fin de compte, se comportaient comme tout le monde.) Pas davantage parce qu'une moitié de son vaisseau avait été jetée à bas puis reconstruite sous forme d'un « laboratoire universel d'accès central », dixit le contrat.

Le hic, et ça lui faisait mal rien que d'y penser, c'était plutôt « Junior », la planète qui se trouvait au bout de leur course.

L'équipage n'était pas au courant, naturellement, mais lui, tout dur à cuir qu'il fût, commençait à trouver l'idée franchement déplaisante.

Et ça ne faisait que commencer.

Pour l'instant, c'était ce Mark Annuncio ou je ne sais quoi qui le turlupinait. Il assena le dos d'une main contre la paume de l'autre et rumina ses griefs avec colère. Son visage massif s'empourpra.

Quelle insolence !

Un gosse de vingt ans, tout au plus, sans fonction particulière, exiger une chose pareille ! Qu'est-ce que cela cachait ? Il devrait au moins en avoir le cœur net sur ce point.

En cette minute précise, ça le démangeait d'arracher la réponse en empoignant le gosse par le col de sa veste, histoire de l'entendre grincer des dents. Mais il valait mieux se maîtriser. Ouais — il valait mieux.

Après tout, c'était une expédition plutôt bizarre pour être financée par la Confédération des Mondes et ce glandeur d'une vingtaine d'années, ce fouineur invétéré avait peut-être son rôle à jouer dans l'histoire. Et d'abord, pourquoi se trouvait-il à bord ? Et l'autre, ce Dr Sheffield, dont la seule fonction semblait être de servir de nounou pour le gamin... qui était-il ? Qui était Mark Annuncio ?

Pendant toute la durée de la traversée, il avait souffert du mal de l'espace, ou bien n'était-ce qu'un truc pour lui éviter d'avoir à quitter sa cabine ?

Un léger bourdonnement retentit : le signal de la porte.

Ce devait être Annuncio.

Du calme, se répéta le Capitaine. Du calme.

★

Mark pénétra dans la cabine et se passa la langue sur les lèvres dans une vaine tentative pour se débarrasser de l'amertume qui lui empâtait la bouche. Il se sentait la tête légère et le cœur lourd.

A cette minute précise, il eût volontiers plaqué le Service pour pouvoir retourner sur la Terre. Avec regret, il se représenta son « logis », modeste, mais au moins était-il à lui et rien qu'à lui. Un lit, un bureau, une chaise, un cabinet de toilette, mais il pouvait appeler la Bibliothèque Centrale à volonté, sans que ça lui coûte un centime. Ici, il s'ennuyait ferme. Lui qui n'avait jamais mis les pieds à bord d'un vaisseau, il s'était imaginé qu'il y aurait une foule d'informations à glaner. Ce qu'il n'avait pas prévu, c'était des jours et des jours de mal de l'espace.

Et de mal du pays. A un point tel que, pour un peu, il en aurait pleuré. Il s'en voulait de ses yeux humides, de ses paupières rougies que le Capitaine ne manquerait pas de remarquer. Il s'en voulait aussi de ne pas être une armoire à glace. Annuncio, en effet, c'était plutôt le format rat d'égout.

Des pieds à la tête : cheveux d'un brun terne, raides comme des baguettes, petit menton fuyant, petite bouche, nez pointu. Il ne lui manquait qu'une demi-douzaine de fines vibrisses et l'illusion serait complète. Pour tout arranger, il était d'une taille inférieure à la moyenne.

Soudain, son regard se posa sur le champ des étoiles qu'on apercevait par le sabord et il en eut le souffle coupé.

Des *étoiles !*

Comme il ne les avait encore jamais vues.

C'était la première fois que Mark quittait la Terre. D'après le Dr Sheffield, c'était la raison pour laquelle il avait été si malade. Mark n'en croyait rien. Il avait lu dans une cinquantaine de bouquins que le mal de l'espace était psychogénique. (A l'occasion, même le Dr Sheffield essayait de le mener en bateau.)

Mark n'avait jamais quitté la terre et il était habitué à son firmament. Deux mille étoiles répandues sur un hémisphère céleste, dont dix seulement étaient de première magnitude.

Tandis que là, leur nombre était hallucinant. Rien que par cette modeste ouverture, il en voyait dix fois plus que n'en contenait le ciel de la Terre. Et d'un éclat ! Avec avidité, il en grava la configuration dans son esprit. Il se sentait dépassé. Mark, naturellement, connaissait le nombre des étoiles qui composaient l'amas d'Hercule : entre un et dix millions (le recensement précis n'avait pas encore été effectué), mais que signifiait ce chiffre abstrait à côté du spectacle qu'il contemplait ?

Une envie folle s'empara de lui. Les compter. Toutes. Connaître leur nombre exact. Avaient-elles toutes un nom ? Un dossier ? Allons...

Il procéda par groupe de cent. Deux — trois — il aurait pu se contenter de les compter mentalement, mais c'était tellement plus grisant de les avoir sous les yeux, si brillantes — six, sept...

La voix cordiale du Capitaine fondit sur lui. Il se retrouva entre les quatre murs de la cabine.

— Monsieur Annuncio. Enchanté.

Mark fixa sur lui un regard empreint de stupeur et de colère. De quel droit l'interrompait-on en plein calcul ?

Son index désigna la baie.

— Les étoiles, fit-il sèchement.

Le Capitaine regarda les étoiles.

— Et alors ?

Les yeux de Mark glissèrent sur le large dos du Capitaine, son postérieur proéminent, la courte brosse grise qui lui garnissait le crâne et ses mains énormes, aux doigts boudinés qu'il tenait croisés sur les reins et frappait en cadence contre le plastex luisant de sa chemise. Qu'est-ce qu'il en a à foutre, des étoiles ? se demanda Mark. De leur taille, de leur éclat et des classes spectrales ?

Sa lèvre inférieure fut agitée d'un tremblement. Le Capitaine n'était qu'un noncompos, comme tout le monde sur le vaisseau. Dans le Service, c'est ainsi qu'on les avait baptisés. Tous autant qu'ils étaient. Même pas fichus de calculer le cube de quinze sans s'aider d'une machine !

Mark sentit la solitude lui peser.

Il décida de passer outre (à quoi bon se lancer dans des explications ?) et murmura :

— Les étoiles sont si denses, ici. On dirait une soupe de pois.

— Simple illusion d'optique, monsieur Annuncio. (Le Capitaine prononçait le *c* de ce nom comme un *s* au lieu de le chuinter et le son écorchait les oreilles de Mark.) La distance moyenne d'une étoile à l'autre au plus fort de l'amas est tout de même d'une année-lumière. Joli trou, n'est-ce pas ? Mais je dois reconnaître qu'elles ont l'air serré. Si je branchais le projecteur, vous les verriez briller comme un quintillion de points de Chisholm dans un champ oscillateur.

Mais le Capitaine ne lui offrit pas de brancher les projecteurs et Mark se garda bien de le lui demander.

— Asseyez-vous, monsieur Annuncio, dit le Capitaine. Ne restez pas planté là. Cigare ? La fumée ne vous gêne pas, au moins ? Dommage que vous n'ayez pu être présent ce matin. Lagrange I et II étaient superbes. A moins de six heures de vol. Rouge et vert. Comme des feux de circulation. Vous avez tout raté, mon vieux. Envie de vous dégourdir les jambes, hein ?

Il aboyait ses fins de phrase d'une voix haut perchée que Mark trouvait insupportable.

— Je me sens mieux, merci, murmura-t-il.

Mais le Capitaine eut l'air de trouver cette information insuffisante. Il tira sur son cigare et considéra Mark d'un œil soupçonneux, sourcils froncés.

— Content de vous voir debout. Promenez-vous un peu. Faites donc la connaissance des autres passagers. Ce n'est pas la première fois que le *Triple G.* accomplit une mission pour le compte du gouvernement. Jamais d'ennui. Je n'aimerais pas que cela change, vous saisissez ?

Non, Mark ne saisissait pas. Il en avait marre avant même d'avoir essayé. Ses yeux se reportèrent sur les étoiles. Leur position s'était légèrement modifiée. Le Capitaine accrocha son regard et le tint brièvement captif. Ses épaules semblèrent hésiter, au bord d'un haussement. Il se dirigea vers le tableau de bord et, telle une énorme paupière, le mantelet coulissa, obstruant la baie.

Mark sauta sur ses pieds.

— Qu'est-ce qui vous prend ? Je suis en train de les compter, espèce d'abruti !

— De les compter ! (Le Capitaine était tout rouge, mais sa voix, lorsqu'il la retrouva, n'avait rien perdu de sa politesse glacée.) Je regrette, mais nous avons un petit problème à régler.

Un problème. Il avait glissé sur le mot, sans appuyer.

Mark, cette fois, savait très bien à quoi s'en tenir.

— Il n'y a rien à régler. Je vous ai appelé, il y a plusieurs heures, pour vous demander de me laisser consulter le journal de bord. Vous cherchez à gagner du temps, voilà tout.

— Et si vous me disiez pourquoi vous voulez le voir, hein ? Personne ne m'a jamais présenté une telle requête, personne ! Et d'abord, de quel droit ?

Mark en demeura bouche bée.

— J'ai le droit, justement, de voir tout ce que je désire, fit-il avec un agacement contenu. J'appartiens au Service Mnémonique.

Le Capitaine tira une longue, une interminable bouffée de son cigare. (Il était d'une qualité spéciale, fabriqué tout exprès pour être fumé dans l'espace, dans un endroit hermétiquement clos. Il contenait un oxydant qui empêchait l'oxygène atmosphérique de se consumer.)

— Vraiment ? dit-il, les yeux mi-clos. Jamais entendu parler. De quoi s'agit-il ?

— Le Service Mnémonique, répéta Mark avec indignation. C'est mon boulot de regarder tout ce que je veux et de poser toutes les questions qui me passent par la tête. J'en ai le droit, vous entendez ?

— Vous n'aurez pas accès au livre de bord sans mon autorisation.

— Vous n'avez pas un mot à dire, vous — espèce de noncompos !

D'un seul coup, le sang-froid du Capitaine ne fut plus qu'un souvenir. Jetant son cigare d'un geste rageur, il l'écrasa du talon. Puis se reprenant, il le ramassa et le fourra dans l'orifice des cendres.

— Qu'est-ce que cela signifie ? Et d'ailleurs, qui êtes-vous ? Un agent de la sécurité ? Que se passe-t-il ? Jouons cartes sur table, voulez-vous ? Et tout de suite !

— Je n'ai rien à ajouter.

— Je n'ai rien à cacher, dit le Capitaine, mais je connais mes droits.

— Rien à cacher ? s'exclama Mark. Et pourquoi

ce vaisseau s'appelle-t-il le *Triple G.*, s'il vous plaît ?

— C'est son nom.

— Sans blague. Aucun vaisseau de ce nom ne figure sur le registre de la Terre. Je le savais avant de monter à bord. J'avais hâte de vous poser la question.

Le Capitaine battit des cils.

— *George G. Grundy,* voilà son nom officiel. Tout le monde l'appelle le *Triple G.*

Mark partit d'un éclat de rire.

— Parfait. Après avoir vu le journal de bord, je désirerais m'adresser à l'équipage. C'est mon droit. Demandez donc au Dr Sheffield.

— A l'équipage, hein ? gronda le Capitaine. Allons voir votre Dr Sheffield et ensuite, on vous mettra aux arrêts dans votre cabine jusqu'à l'arrivée. Ouste !

Sa main s'aplatit sur le bouton de l'interphone.

★

Compte tenu du travail qui l'attendait, le personnel scientifique du *Triple G.* était peu nombreux, et d'une moyenne d'âge relativement jeune. Pas aussi jeune que Mark Annuncio, peut-être, lui qui appartenait à une tout autre catégorie, mais même le plus âgé d'entre eux, Emmanuel George Cimon (astrophysicien) n'avait pas encore trente-neuf ans. Avec son abondante chevelure d'un noir de jais, ses grands yeux brillants, il semblait plus jeune encore. En fait, les lentilles de contact étaient en partie responsables de cet éclat optique.

Cimon, obnubilé par cette relative ancienneté qui lui conférait malgré tout la responsabilité en titre de l'expédition (ce dont les autres avaient tendance à ne pas tenir compte), affectait le plus souvent une grande sérénité vis-à-vis de la mission. Ses doigts coururent le long de la bande imprimée puis la laissèrent se rembobiner en silence.

— La routine, soupira-t-il en s'affaissant dans le fauteuil le plus moelleux du salon. Autrement dit, rien.

Il examina les derniers clichés couleur du Système Lagrange et fut émerveillé par la splendeur des deux astres. Plus petit, plus chaud que le Soleil, Lagrange I était d'un somptueux bleu-vert, cerné par une couronne jaune-vert : on aurait dit la monture en or d'une émeraude, à peine plus grosse qu'une lentille ou une balle sortant d'un rochet Lenser. Non loin de lui (du moins en perspective photographique), on apercevait Lagrange II. Sa position dans l'espace le faisait apparaître deux fois plus gros, alors qu'en fait son diamètre équivalait aux quatre cinquièmes de celui de Lagrange I, son volume à la moitié et sa masse aux deux tiers. Son rouge orangé, auquel la pellicule était relativement moins sensible que la rétine de l'œil humain, semblait plus sombre que jamais, comparé à la splendeur de son rival.

Autour d'eux, se détachant nettement contre les soleils voisins, en vertu des lentilles à polarisation variable qu'on avait utilisées, on voyait l'extraordinaire éclat de l'amas d'Hercule. De la poussière de diamant, d'une incroyable densité, jaune, blanche, bleue et rouge.

— Rien, répéta Cimon.

— Ça se présente bien, dit Groot Kuoevenaagle (physicien ; petit, replet, et plus connu sous le nom de Novee).

— Où est Junior ? demanda-t-il. (Il se pencha

par-dessus l'épaule de Cimon et plissa ses yeux atteints d'une légère myopie.)

Cimon le regarda et frémit.

— Cette planète ne s'est jamais appelée Junior. Mais vous pouvez voir Troie, là, au milieu de ce fouillis d'étoiles, si c'est ce que vous voulez dire. Cette photo provient du *Scientific Earthman*. Autant dire qu'elle ne nous est d'aucune utilité.

— Oh ! (Novee semblait déçu.)

— Quelle différence, pour vous, de toute façon ? insista Cimon. Et si je vous avais dit que l'un de ces points était Troie, n'importe lequel ? Vous ne feriez aucune différence, mais quel soulagement en tireriez-vous ?

— Minute, Cimon ! Inutile de prendre vos grands airs. C'est un sentiment parfaitement légitime. Après tout, on va passer un bout de temps sur Junior. Pour ce que nous en savons, on risque même de s'y faire enterrer.

— Il n'y a pas d'auditoire, Novee, pas d'orchestre, pas de micro, pas de fanfare, alors, à quoi bon ces accents dramatiques ? Non, nous ne mourrons pas sur cette planète. Et si ça nous arrive, nous l'aurons bien cherché. Ce sera sans doute d'indigestion ! (Il prononça le mot avec toute l'insistance propre aux hommes de peu d'appétit lorsqu'ils s'adressent aux gourmands, comme si une digestion laborieuse était le privilège des êtres profondément doués d'une intelligence supérieure.)

— Mille personnes sont déjà mortes, murmura Novee.

— Et alors ? Chaque jour, à travers la Galaxie, meurent environ un milliard d'hommes et de femmes.

— Pas de cette façon.

— De quelle façon ?

Novee serra les dents. Surtout, ne pas s'énerver.

— Aucune discussion n'est autorisée en dehors des séances officielles, qu'en pensez-vous ?

— Je ne vois pas de quoi nous pourrions discuter, riposta Cimon d'une voix morne. Ce ne sont que deux étoiles ordinaires. Vraiment, je me demande pourquoi je me suis porté volontaire. C'est sans doute l'occasion de voir de près un système troyen anormalement développé qui m'a tenté. Visiter une planète habitable dotée d'un double soleil. Pourquoi ce phénomène comporterait-il quelque chose de bizarre ?

— Un millier de cadavres, vous ne trouvez pas ça bizarre, vous ? reprit Novee avant d'ajouter, sur un ton radouci : Au fait, qu'est-ce qu'une planète troyenne ?

L'espace d'un moment, le physicien supporta sans broncher le regard de mépris de l'autre, puis :

— D'accord, d'accord, dit-il, je n'en sais rien. Vous non plus, Cimon, vous ne savez pas tout. Les incisions ultra-soniques, par exemple, ça vous dit quelque chose ?

— Rien. Et c'est très bien ainsi. Selon moi, toute information qui ne rentre pas dans le cadre de la stricte spécialité de chacun est superficielle et entraîne un gaspillage du potentiel psychologique. Le point de vue de Sheffield, est-il besoin de le dire, me laisse de glace.

— J'aimerais tout de même que vous m'expliquiez. Si c'est dans vos cordes, bien sûr.

— Mais oui, c'est dans mes cordes. Je vous signale que l'explication a été fournie à l'occasion du premier briefing, si vous aviez daigné écouter. Autour de la plupart des astres multiples, soit un tiers de l'ensemble des étoiles, gravitent des planètes. Le problème, c'est qu'elles ne sont jamais habitables. Si elles se trouvent suffisamment loin du centre de gravité du système stellaire pour avoir une orbite plus ou moins circulaire, elles sont froides au point d'avoir des océans d'hélium. Si elles sont assez proches pour absorber la chaleur des soleils, leur orbite est inégale et une fois par révolution, au moins, elles passent si près de l'un ou l'autre soleil que le métal pourrait fondre.

» Or, il se trouve que le Système Lagrange présente un cas particulier. Les deux étoiles, Lagrange I et II et la planète Troie (avec Ilion, son satellite), se situent aux trois sommets d'un triangle équilatéral imaginaire. Avez-vous compris ? Cette disposition est stable, justement, et pour l'amour de tout ce que vous voudrez, ne me demandez pas pourquoi. Fiez-vous à mon jugement professionnel.

— Il ne me serait pas venu à l'idée d'en douter, marmonna Novee entre ses dents.

Cimon prit un air pincé et poursuivit :

— Le système évolue sous la forme d'une unité. Troie est toujours équidistante de chacun des soleils dont la séparent un peu plus de cinquante millions de kilomètres, et les soleils sont toujours à un peu plus de cent cinquante millions de kilomètres l'un de l'autre.

Novee se frotta l'oreille, nullement impressionné, semblait-il.

— Tout cela, je le sais. Je n'ai rien perdu du briefing, figurez-vous. Mais pourquoi appelle-t-on le système *troyen ?*

Les dents de Cimon attrapèrent le rebord de sa lèvre inférieure et le tinrent serré, comme pour être sûr de ne pas le lâcher en même temps qu'un mot bien senti.

— Nous avons une formation de ce type dans le Système Solaire lui-même. Le Soleil, Jupiter et un groupe de petits astéroïdes constituent un triangle équilatéral stable. Il se trouve que les astéroïdes ont été baptisés Hector, Achille, Ajax et d'autant de noms des différents héros de la Guerre de Troie, par conséquent... Dois-je continuer ?

— C'est tout ? demanda Novee.

— C'est tout. Allez-vous bientôt finir de m'assommer avec vos questions ?

— Oh, allez vous faire voir !

Novee se leva dans l'intention de planter là l'astrophysicien, mais avant même qu'il ait eu le temps d'effleurer le stimulateur, la porte coulissa, livrant passage à Boris Vernadsky (géochimiste ; sourcils d'encre, large bouche, visage massif, avec un impardonnable penchant pour les chemises bleues à pois et les agrafes magnétiques de plastique écarlate). Il semblait totalement inconscient du rouge qui était monté au front de Novee et de l'expression hostile de Cimon.

— Chers collègues, annonça-t-il avec entrain, si vous tendez l'oreille, vous devriez entendre, provenant de là-haut, une explosion à faire trembler la Voie Lactée. Du bureau du Capitaine, pour être précis.

— Que s'est-il passé ? demanda Novee.

— Le Capitaine veut coffrer Annuncio, le petit bouffon familier de Sheffield, et notre bon docteur s'est précipité sur le pont supérieur. Je dois dire que ses yeux lançaient des éclairs.

Cimon, qui s'était contenté d'écouter, détourna la tête avec un grognement de mépris.

— Sheffield ! s'exclama Novee. Ce type est incapable de sortir de ses gonds. Jamais je ne l'ai entendu élever la voix !

— Eh bien, cette fois-ci, je vous assure qu'il l'a fait. Lorsqu'il s'est aperçu que le gamin avait quitté sa cabine sans l'avertir et que le Capitaine en profitait pour le bousculer un peu... Wow ! Saviez-vous qu'il avait mis le nez dehors, Novee ?

— Non, mais cela ne me surprend pas. Le mal de l'espace est imprévisible. Quand on en souffre, on a l'impression qu'on va rendre l'âme et on est même impatient. Puis, en deux minutes il n'y paraît plus et on reprend goût à la vie. Ce matin, j'ai dit à Mark que nous arrivions demain et la nouvelle a dû lui redonner du poil de la bête. Rien de tel que la perspective de fouler bientôt le sol d'une planète pour tordre le cou à ce fichu mal de l'espace. Nous n'allons plus tarder à nous poser, n'est-ce pas, Cimon ?

L'astrophysicien émit un bruit inintelligible qui pouvait à la rigueur passer pour une réponse affirmative. Novee, en tout cas, décida de l'interpréter ainsi.

— Alors, dit-il à Vernadsky, qu'attendez-vous pour raconter ?

— Depuis que le gosse est malade, comme vous le savez, Sheffield et moi partageons la même cabine. Il était assis à son bureau, entouré de ses cartes, à tripoter son computer de poche lorsque le téléphone a sonné et c'était le Capitaine. Il lui annonce que le petit est dans son bureau et lui demande où veut en venir le gouvernement en lui collant un espion sur le poil. Alors Sheffield s'est mis à hurler dans le micro qu'il lui enverrait un bon coup de tube-allonge où vous pensez s'il s'avisait de toucher à un seul cheveu de la tête du gamin et il a filé, sans même raccrocher, laissant le Capitaine écumer à l'autre bout.

— Vous inventez ça de toute pièce ! Jamais Sheffield n'aurait dit une chose pareille.

— Croyez-moi, cela revenait au même.

Novee se tourna vers Cimon.

— C'est vous le chef du groupe. Pourquoi n'intervenez-vous pas ?

— Et voilà ! éructa Cimon. Au moindre pépin, je redeviens le chef. D'un seul coup, on m'accable de responsabilités. Qu'ils règlent leurs comptes. Sheffield est incapable de mettre ses menaces à exécution et le Capitaine ne décroise jamais les bras. La description imagée de Vernadsky ne signifie pas qu'ils en viendront aux mains.

— Peut-être, mais il serait regrettable que les rapports s'enveniment au cours de notre expédition.

— *Notre* expédition ! (Vernadsky leva les bras dans un geste de frayeur simulée et roula des yeux terrifiés.) Parlons-en. Si vous saviez à quel point je redoute l'instant fatal où nous nous retrouverons au milieu des ossements de la précédente expédition.

Et comme si l'image évoquée ne supportait pas vraiment la plaisanterie, ils ne trouvèrent soudain plus rien à dire. Même la nuque de Cimon, qui était tout ce qu'on voyait de sa personne par-dessus le dossier de la chaise longue, sembla se raidir, comme sous l'effet d'un choc.

★

Contrairement à ce qu'avait laissé entendre Vernadsky, Oswald Mayer Sheffield (psychologue, aussi sec qu'un coup de trique et long comme un jour sans pain, dont la voix était capable d'entonner un air d'opéra avec une surprenante virtuosité ou de soutenir un point de vue sur un ton d'une douceur entêtante qui avait généralement raison de ses adversaires), ne semblait pas le moins du monde en colère.

Il arborait même un large sourire en pénétrant dans la cabine du Capitaine.

A peine était-il entré que celui-ci s'écriait, hors de lui :

— Sheffield ! Pourriez-vous m'expli...

— Un instant, je vous en prie, capitaine Follenbee. Comment te sens-tu, Mark ?

Mark abaissa les yeux et répondit d'une voix étouffée.

— Ça peut aller, docteur Sheffield.

— Je ne m'étais pas aperçu que tu avais quitté ton lit.

Sa voix ne contenait pas une once de reproche discernable, pourtant Mark crut bon de s'excuser.

— Je me sentais mieux, voyez-vous, docteur Sheffield, et j'avais honte de ne pas travailler. Depuis que j'ai mis le pied sur ce vaisseau, je n'ai absolument rien fait. Alors je me suis décidé à appeler le Capitaine pour lui demander de me laisser consulter le journal de bord et il m'a prié de passer le voir.

— Parfait. Je suis certain qu'il te laissera bien volontiers retourner dans ta cabine.

— Oh, vous croyez ça ? lança le Capitaine.

Les yeux bienveillants de Sheffield se rivèrent sur ceux du Capitaine.

— Ce garçon est sous ma responsabilité, monsieur.

Et sans trop savoir pourquoi, le Capitaine se trouva dans l'impossibilité de riposter.

L'air soumis, Mark marcha en direction de la porte, sous le regard attentif de Sheffield qui ne le quitta pas avant que le battant se fût refermé derrière lui. Alors seulement, il se tourna vers le Capitaine.

— Qu'est-ce qui vous a pris ?

Les genoux du capitaine se ployèrent, puis se raidirent, puis se ployèrent à nouveau, suivant un rythme menaçant. On entendait distinctement craquer les jointures de ses invisibles mains.

— C'est à moi de vous poser cette question, Sheffield. A bord de ce vaisseau, c'est moi qui commande.

— Je sais.

— Savez-vous ce que cela signifie ? Dans l'espace, chaque vaisseau est une planète reconnue par les autorités. Je suis le seul maître à bord, Sheffield. Ce que je dis a force de loi. Même le Comité Central de la Confédération ne peut en décider autrement. Je dois maintenir la discipline et aucun espion...

— D'accord. A présent, Capitaine, c'est à mon tour de parler. Le Bureau des Provinces Extérieures vous a chargé de transporter sur le Système Lagrange une mission de recherche patronnée par le gouvernement, et de rester là-bas aussi longtemps que l'exigeraient les recherches et que le permettrait la sécurité de l'équipage et du vaisseau, puis de nous ramener chez nous. En signant ce contrat, Capitaine, vous avez accepté d'assumer certaines contraintes. Ainsi, vous n'avez pas le droit de toucher à nos appareils ni celui d'entraver leur fonctionnement.

— Croyez-vous que j'en ai l'intention ? répliqua le Capitaine avec indignation.

— Mais oui, fit doucement Sheffield. Vous n'avez pas le droit de toucher à Mark Annuncio, Capitaine. Pas plus qu'au monochrome de Cimon ou aux microptiques de Vailleux. Ne posez jamais les mains sur mon Annuncio, Capitaine, et cet avertissement est valable pour chacun de vos dix énormes doigts, vu ?

Le torse du Capitaine, sanglé dans sa tunique d'uniforme, se gonfla subitement.

— Je n'ai d'ordre à recevoir de personne ! Votre langage constitue une infraction à la discipline, *môsieur* Sheffield. Encore un mot sur ce ton et je vous fous aux arrêts. Vous et *votre* Annuncio. Si ça ne vous plaît pas, adressez-vous à la Cour de Cassation lorsque nous serons de retour sur Terre. Jusque-là, bouclez-la, hein ?

— Ecoutez, Capitaine, laissez-moi vous expliquer quelque chose. Mark travaille pour le Service Mnémonique.

— Ouais, c'est ce qu'il m'a dit. Service Numonique. Numonique. Pour ce que j'en sais, c'est une police parallèle, votre machin. Je ne veux pas de ça à bord de mon vaisseau, pigé ?

— Service Mnémonique, répéta Sheffield avec patience. Ça vient d'un mot grec qui signifie mémoire.

Les yeux du Capitaine devinrent deux fentes luisantes.

— Il retient des choses ?

— Exact, Capitaine. Ecoutez, en un sens, c'est de ma faute. J'aurais dû vous en avertir. Je l'aurais fait, d'ailleurs, si le gosse n'avait pas été malade juste après le décollage. Une foule de choses me sont alors sorties de l'esprit. D'un autre côté, je n'ai pas songé un seul instant qu'il pourrait trouver un quelconque intérêt dans le fonctionnement du vaisseau proprement dit. Je me demande bien pourquoi. Il est censé s'intéresser à tout.

— Oh, vraiment ? (Le Capitaine glissa un regard sur la pendule.) Allez-y, mettez-moi au parfum. Mais pas de bobards, hein ? Et faites vite, le temps presse.

— Ce sera bref, je vous le promets. Bon, vous êtes un baroudeur de l'espace, Capitaine. A votre avis, combien y a-t-il dans l'espace de mondes habités ?

— Quatre-vingt mille, répondit aussitôt le Capitaine.

— Quatre-vingt-trois mille deux cents, rectifia Sheffield. Qu'est-ce qui permet de régir une organisation politique aussi vaste ?

— Des computers, suggéra le Capitaine sans hésiter.

— Sans doute. Sur Terre, la moitié de la population travaille sur des ordinateurs pour le compte du gouvernement et sur chaque planète, vous trouverez une annexe des services informatiques. Et cependant, il arrive que des renseignements se perdent. Chaque monde a l'exclusivité de certaines connaissances. Il en va de même pour chaque être humain. Considérez notre petit groupe. Vernadsky est nul en biologie et je ne suis pas assez calé en chimie pour survivre. A l'exception de Fawkes, aucun d'entre nous ne serait capable de piloter le plus élémentaire vaisseau spatial. C'est pourquoi nous travaillons en collaboration, chacun apportant sa pierre à l'édifice.

» Seulement voilà, il y a une entourloupe : aucun ne sait avec précision de quelle information l'autre a besoin dans certaines circonstances données. On ne peut tout de même pas débiter tout notre savoir à chaque fois. Alors, on essaie de deviner, et parfois on tombe à côté. Il arrive que les données A et B se complètent admirablement. L'individu A détenteur du renseignement A dit à l'individu B détenteur du renseignement B : « Pourquoi ne pas me l'avoir dit il y a dix ans ? », ce à quoi répond l'individu B : « J'ignorais que c'était important » ou bien, « Je croyais que tout le monde était au courant. »

— Et c'est là qu'interviennent les computers, trancha le Capitaine.

— Les computers ont leurs limites. Encore faut-il qu'on songe à les interroger. De plus, il faut qu'il s'agisse d'une question susceptible d'être traduite sous forme d'un nombre restreint de symboles. Les computers, Capitaine, n'ont aucune imagination. Ils répondent uniquement à la question précise que vous leur avez posée, sans tenir compte de ce qui vous trotte dans la tête. Il arrive que personne n'ait l'idée de leur poser la bonne question ou ne soit capable de leur fournir les données exactes, et dans ce cas-là, ne comptez pas sur un ordinateur pour vous apporter sur un plateau le renseignement dont vous avez besoin.

» Ce dont nous avons besoin, ce dont l'humanité a besoin, c'est d'un computer qui ne soit pas mécanique, un computer doué d'imagination. Et cela existe, Capitaine. (Le psychologue se frappa la tempe.) En chacun de nous.

— Peut-être, marmonna le Capitaine, mais je préfère me fier aux machines. C'est plus facile de presser un bouton.

— En êtes-vous sûr, Capitaine ? Les machines n'ont pas d'intuition. Ça vous est arrivé, d'avoir une intuition ?

Le Capitaine consulta la pendule.

— Restons-en à l'essentiel, voulez-vous ?

— Quelque part à l'intérieur du cerveau humain sont conservées toutes les informations qu'il a reçues. La mémoire consciente n'en retient qu'une infime proportion, mais tout est là, et il suffit souvent d'une vague association d'idées pour ramener à la surface un renseignement que le sujet croyait avoir oublié. On sent quelque chose. On a une

« intuition ». Certains sujets y parviennent mieux que d'autres et il existe des individus susceptibles de recevoir un entraînement. Enfin, un petit nombre sont presque parfaits. C'est le cas de Mark Annuncio et d'une centaine de ses camarades. Un jour, j'espère qu'ils seront des millions. Alors seulement, on pourra parler d'un véritable Service Mnémonique.

» Toute leur vie, continua Sheffield, ils ne font que lire, regarder, écouter. Avec une efficacité croissante. Peu importe l'information qu'ils recueillent. Peu importe si son sens ou son utilité ne saute pas aux yeux. Peu importe si un élève du Service a envie de consacrer une semaine entière à passer en revue les dossiers d'une équipe de polo spatial du Secteur Canopus du siècle dernier. *Toute* information peut trouver son utilité un jour ou l'autre. C'est la règle de base.

» Une fois de temps en temps, un élève est amené à résoudre un problème sur lequel ont échoué les computers. Un computer est faillible, Capitaine, car il se peut qu'aucune machine ne soit en possession des deux fragments d'information manquants, et en admettant qu'elle les ait, aucun homme ne sera assez fou pour lui poser la bonne question. Que le Service fournisse la réponse désirée et il recevra en échange assez d'argent pour vivre pendant dix ans et plus.

Le Capitaine leva une main épaisse. Il semblait déconcerté.

— Une seconde. Annuncio m'a dit qu'aucun vaisseau n'avait été enregistré sur Terre sous le nom de *Triple G.* Vous voulez dire qu'il connaît par cœur tous les vaisseaux inscrits ?

— C'est possible. S'il a eu l'occasion de parcourir le Registre de la Marine Marchande, il connaît leurs noms, tonnages, dates de construction, ports d'attache, nombre d'hommes d'équipage, et tous les autres renseignements que doit contenir ce registre.

— Et il compte les étoiles.

— Pourquoi pas ? C'est une information comme une autre !

— Que je sois pendu !

— C'est votre affaire, Capitaine, mais vous devez comprendre que Mark n'est pas un garçon comme les autres. Il a reçu une éducation étrange et décalée qui lui a donné de la vie une vision étrange et tout aussi décalée. Depuis qu'il est entré dans le Service à l'âge de cinq ans, c'est sa première sortie. Un rien le perturbe et ses facultés peuvent être réduites à néant. Ce serait une catastrophe et mon travail consiste à faire en sorte qu'elle ne se produise pas. Il est mon instrument, comprenez-vous ? Infiniment plus précieux que tout ce qui se trouve dans ce vaisseau, petite boule de plutonium ballottée dans l'espace. A travers toute la Voie Lactée, ils ne sont qu'une centaine !

Le Capitaine affecta un air de dignité offensée.

— Bon. D'accord pour le journal de bord. Mais que cela demeure strictement confidentiel.

— Cela va de soi. Il ne parle qu'avec moi, et à moins qu'un rapport ne soit établi, je garde les informations pour moi.

L'expression du Capitaine disait assez que cette réponse était loin de correspondre à sa conception personnelle du « strictement confidentiel ». S'abstenant de tout commentaire, il se contenta d'ajouter :

— Pas un mot à l'équipage. Vous me comprenez ?

Sheffield se dirigea vers la porte.

— Mark est au courant. Vous pouvez me croire, il n'en soufflera mot à quiconque.

Il était sur le point de sortir lorsque le Capitaine le rappela.

— Sheffield ?

— Oui ?

— Qu'est-ce qu'un noncompos ?

Sheffield réprima un sourire.

— C'est lui qui vous a appelé ainsi ?

— Qu'est-ce que c'est ?

— Une abréviation de *non compomentis.* Tous les élèves du Service l'utilisent pour désigner ceux qui ne sont pas des leurs. Vous, par exemple. Ou moi. C'est une expression latine qui signifie à peu de chose près : qui n'est pas sain d'esprit. Et laissez-moi vous dire, Capitaine, ils ont fichtrement raison.

Il s'empressa de sortir.

★

En quinze secondes, Mark Annuncio avait fait le tour du journal de bord. Il le trouva incompréhensible, mais n'était-ce pas le cas de presque toutes les informations qu'il emmagasinait ? Ça ne le gênait pas. Pas plus que l'ennui incommensurable qui suintait de chaque page. Sa déception venait de ce qu'il n'avait pas satisfait sa curiosité. C'est pourquoi il l'avait refermé avec un mélange de soulagement et de rancœur.

Ensuite, il s'était réfugié dans la bibliothèque où il avait ingurgité trois douzaines de bouquins en moins de temps qu'il ne fallait pour tourner les pages. Encore tout jeune adolescent, il avait passé trois ans à apprendre la méthode de lecture par un seul regard et, non sans fierté, il se souvenait qu'il avait établi le record de l'école à l'examen de fin de stage.

En fin de compte, il était allé déambuler dans la partie « laboratoire » du vaisseau, jetant un coup d'œil de-ci de-là, sans jamais poser de questions, mais terriblement conscient du regard appuyé dont le gratifiaient les autres.

Ce regard, il le haïssait. On eût dit qu'ils le prenaient pour une bête curieuse. Et leur air suffisant, comme s'il y avait un intérêt quelconque à investir tout son cerveau sur un sujet limité dont on ne retenait d'ailleurs qu'une infime parcelle. Plus tard, naturellement, il devrait se résoudre à les interroger. C'était son boulot, et même sans cela, la curiosité le démangeait trop. Il espérait seulement ne pas avoir à le faire avant que le vaisseau ne se soit posé.

L'idée le séduisait de plus en plus de se trouver à l'intérieur d'un système stellaire. Bientôt, il découvrirait un monde nouveau, avec ses soleils — il y en aurait deux — et une lune que ses yeux n'avaient encore jamais vue. En tout quatre objets célestes fourmillant d'informations inédites : d'immenses réservoirs de renseignements qu'il emmagasinerait et classerait avec dévotion.

Rien ne l'excitait comme la perspective de cette gigantesque montagne de travail. Il se représentait son esprit comme un stupéfiant système de classement pourvu d'index, d'index d'index, d'index, d'index, d'index. Il s'étendait indéfiniment dans toutes les directions. Une superbe mécanique bien huilée. D'une absolue précision.

Il songea aux greniers poussiéreux que les noncompos baptisaient cerveaux et réprima un éclat de rire. Même en discutant avec le Dr Sheffield, un chic type pour un noncompos, il se rendait compte de leurs limites. Le docteur se concentrait et parfois, il était à deux doigts de comprendre. Mais les autres, les passagers du vaisseau, leurs cervelles n'étaient que des chantiers. Des chantiers poussiéreux, encombrés de gravats d'où l'on ne pouvait tirer que ce qui se trouvait au sommet de la pile.

Les pauvres singes ! Trop arrogants, même pour susciter la pitié. Si seulement ils pouvaient prendre conscience de leur état. Ouvrir les yeux et se voir *tels qu'ils étaient.*

Chaque fois qu'il en avait l'occasion, Mark se collait contre les baies d'observation et surveillait l'approche des nouveaux mondes.

Ils passèrent à proximité du satellite Ilion. (Cimon, l'astrophysicien, mettait un point d'honneur à appeler « Troie » la planète vers laquelle ils se dirigeaient et « Ilion » son satellite, mais pour tous les autres, c'était respectivement « Junior » et « Sister ».) De l'autre côté des deux soleils, dans la direction opposée, on distinguait un groupe d'astéroïdes que Cimon appelait « Epsilon Lagrange » et ses compagnons « Les Microbes ».

Au moment où sa pensée se fixait sur le mot « Ilion », Mark passa simultanément en revue ces différents détails, sans en être vraiment conscient, plutôt comme un matériau qui ne présentait aucun intérêt immédiat. De façon plus diffuse encore le traversa le souvenir de cinq cents grossiers surnoms du même type. Il en avait découvert certains en lisant, relevé d'autres sur les programmes subéthériques ou dans les conversations courantes, voire dans les bulletins d'information. Soit on lui avait directement fourni le renseignement, soit il l'avait détecté lui-même. Même la substitution de *Triple G.* à *George G. Grundy* trouvait sa place dans l'obscur dossier.

A maintes reprises, Sheffield l'avait questionné sur

le fonctionnement de son esprit — avec beaucoup d'égards et d'infinies précautions.

— Le Service Mnémonique a besoin de nombreux éléments tels que toi, Mark. Des millions. Des milliards, même, si l'espèce se répand à travers toute la Galaxie, ce qui arrivera tôt ou tard. Mais où les prendrons-nous ? Nous ne pouvons nous en remettre à la nature. Tous, nous possédons cette merveilleuse faculté. Plus ou moins. C'est l'entraînement qui compte, et à moins de découvrir en partie comment les choses se passent, nous serons incapables de former les élèves.

Sur l'insistance de Sheffield, Mark était donc devenu attentif au fonctionnement de son propre cerveau. Il avait observé, écouté, cherchant, tout au fond de cette laborieuse « introspection », à prendre conscience de lui-même. Il avait appris à reconnaître les différents dossiers qui compartimentaient sa mémoire. Il surveilla le classement des informations et s'émerveilla de voir surgir automatiquement le renseignement voulu à la seconde précise où il faisait défaut. C'était difficile à analyser, mais il fit de son mieux.

Sa confiance en lui-même s'en trouva renforcée. Les angoisses de son enfance, au cours des premières années dans le Service, s'estompèrent. Il cessa de s'éveiller au milieu de la nuit, en sueur, hurlant sa terreur de dangers sitôt oubliés.

Il ne se lassait pas de regarder Ilion grossir dans le sabord. Jamais il n'avait imaginé qu'une lune pût être aussi brillante. (Les chiffres correspondant aux albedos de trois cents planètes habitées défilèrent dans son esprit en ordre décroissant. Ce fut à peine si cette armée de chiffres effleura la surface de son esprit. Il l'ignora.)

L'éclat qui le faisait cligner des yeux se trouvait concentré dans les immenses taches dont Cimon affirmait (il surprit ses paroles, proférées sur un ton d'extrême lassitude en réponse à la question d'un collègue) qu'elles étaient le lit d'un ancien océan. Un rapport s'établit aussitôt dans l'esprit de Mark. Le premier message d'Hidosheki Makoyama avait donné la composition de ces sels étincelants : 78,6 pour cent de chlorure de sodium, 19,2 pour cent de carbonate de magnésium, 1,4 pour cent de sulfate de pot... Cette pensée s'effaça. Facultative.

Illion avait une atmosphère. Un total d'environ 100 mm de mercure (un peu plus d'un huitième de celui de la Terre, dix fois celui de Mars, 0,254 celui de Coralemon, 0,1376 celui d'Aurora). Sans y prêter beaucoup d'attention, il continua d'aligner ainsi les décimales. Puis le jeu le lassa. Un bon exercice de cinquième niveau, l'arithmétique instantanée. En fait, il avait toujours eu des problèmes avec les intégrales et il se demanda si la raison en était qu'il ignorait purement et simplement la nature d'une intégrale. Une demi-douzaine de définitions se présentèrent, mais il n'avait jamais été assez fort en maths pour comprendre les définitions. Par contre, il pouvait les réciter sur le bout des doigts.

Combien de fois ne lui avait-on pas répété, à l'école : « Evitez à tout prix de prendre à cœur un sujet ou un groupe de sujets particuliers. Car alors, vous commenceriez à sélectionner les informations et vous ne devez jamais en arriver là. *Tout* est important. *Tout* et *n'importe quoi.* Aussi longtemps que vous détenez un renseignement, peu importe que vous le compreniez ou non. »

Ce n'était pas l'avis des noncompos, ces esprits arrogants, criblés de trous !

Et voilà qu'ils arrivaient enfin à proximité de Junior. Aussi brillante, mais d'un éclat différent. Pôle Nord et pôle Sud étaient recouverts de calottes glaciaires. (Des paragraphes entiers sur la paléoclimatologie terrestre dérivèrent devant les yeux de Mark. Il ne fit rien pour les arrêter.) Les calottes glaciaires refluaient. Dans un million d'années, Junior aurait sans doute le même climat que la Terre aujourd'hui. Les deux planètes avaient une taille et une masse identiques et il fallait trente-six heures à Junior pour effectuer une rotation complète.

La jumelle de la Terre, en quelque sorte. Ou presque. Selon le rapport Makoyama, les quelques différences étaient toutes à l'avantage de Junior. Aucune menace pour l'homme, à ce qu'on savait. On n'aurait même jamais envisagé l'existence de telles menaces si les membres de la première colonie n'avaient été anéantis jusqu'au dernier.

Pire encore, cette liquidation était intervenue d'une telle façon que toutes les informations recueillies ultérieurement ne fournissaient aucun indice sur ce qui avait pu se produire.

★

Deux heures avant l'atterrissage, Sheffield rejoignit Mark dans sa cabine. Au départ, on leur avait assigné la même cabine. C'était un précédent. En général, les mnémoniques ne supportaient pas la compagnie des noncompos. Même des plus sympathiques d'entre eux. Bref, l'expérience avait échoué.

A peine le vaisseau avait-il décollé que le visage en sueur et implorant de Mark avait décidé Sheffield à lui rendre sa précieuse solitude.

Le psychologue se sentait responsable. Qu'il en

fût ou non à l'origine, Sheffield se sentait responsable de tous les problèmes de Mark. Lui et d'autres n'étaient encore que de très jeunes enfants lorsqu'on les avait remis entre les mains d'instructeurs comme Sheffield. Toute vie personnelle leur était pratiquement interdite. Leur croissance avait été accélérée. On les avait pliés, modelés. On leur avait interdit tout contact avec des enfants « normaux », de peur, justement, qu'ils ne manifestent à leur tour des tendances « normales ». D'ailleurs, aucun mnémonique ne s'était jamais marié. Même à l'intérieur du groupe.

C'est pourquoi Sheffield éprouvait un terrible sentiment de culpabilité.

Vingt ans plus tôt, une douzaine d'élèves avaient été formés par les soins de U. Karaganda, un chinetoque assez cinglé pour provoquer les plus formidables éclats de rire d'un quarteron de journalistes, micros brandis. Karaganda avait fini par se suicider, sous un prétexte ridicule, mais d'autres psychologues, Sheffield en premier, plus respectables et infiniment moins talentueux, avaient eu le temps de retenir l'enseignement du maître.

L'école avait donc continué et d'autres centres avaient même été créés. Mars avait le sien. Pour l'instant, il accueillait cinq élèves. Au dernier recensement, il existait de par le monde cent trois étudiants ayant reçu le diplôme de fin d'études (distinction qui n'était accordée qu'à une minorité). Cinq ans auparavant, le Gouvernement Planétaire Terrestre (à ne pas confondre avec le Comité Galactique Central qui siégeait sur Terre et régissait la Confédération Galactique) avait autorisé le rattachement du Service Mnémonique au Département de l'Intérieur.

A mainte reprise, le Service avait prouvé son efficacité, mais bien peu le savaient. Le gouvernement évitait soigneusement toute publicité. Les mnémoniques, c'était un peu le sujet tabou. Une « expérience ». Ils redoutaient qu'un échec ne prenne une dimension politique. L'opposition, pour l'instant bien empêchée de lancer une campagne (en l'absence de toute information précise), parlait de « folie » et dénonçait le « gaspillage des deniers du contribuable ». Sans preuve, cependant, ils ne pouvaient espérer mobiliser l'opinion.

Dans une civilisation entièrement mécanisée, il était bien délicat d'apprendre à reconnaître les performances de l'esprit humain. Sheffield se demanda combien de temps le Service devrait encore patienter.

Mais à quoi bon faire grise mine en présence de Mark. Trop de risque de contagion.

— Tu as l'air en pleine forme ! lança-t-il avec une gaieté forcée.

Mark sembla soulagé de le voir entrer.

— Docteur Sheffield, quand rentrerons-nous ? demanda-t-il d'un air songeur. (Il rougit légèrement.) Enfin, en admettant que nous rentrions, j'ai l'intention de me procurer un maximum de bouquins et de films sur les superstitions. C'est un sujet sur lequel je suis nul. Je suis passé à la bibliothèque du vaisseau et n'y ai pas trouvé un seul ouvrage là-dessus.

— Pourquoi ce subit intérêt ?

— A cause du Capitaine. Ne m'avez-vous pas dit qu'il avait insisté pour que l'équipage soit tenu dans l'ignorance totale de ce qui s'était passé jadis sur Junior ?

— C'est vrai. Et alors ?

— Les astronautes, semble-t-il, considèrent comme

de mauvais augure d'aborder un monde de ce type, surtout s'il a l'air inoffensif. Ils l'appellent alors un « attrape-nigaud ».

— C'est exact.

— C'est ce que prétend le Capitaine. Pour ma part, je ne vois pas d'où proviennent leurs craintes. Je pourrais citer au moins dix-sept planètes habitables sur lesquelles les premières expéditions n'ont pu s'établir et d'où elles ne sont jamais revenues. Chacune de ces planètes fut par la suite colonisée et toutes sont aujourd'hui membres de la Confédération. Prenez Samartia, par exemple. C'est maintenant un monde en pleine expansion.

— Il existe aussi des planètes où toutes les tentatives de colonisation se sont soldées par des échecs consécutifs.

Sheffield avait pris soin de prononcer cette phrase sur le mode affirmatif. (Ne jamais demander d'information : c'était une des lois de Karaganda. Les corrélations qu'établit le cerveau mnémonique ne sont pas du domaine de l'intelligence consciente ; la volonté n'y a aucune part. Qu'on lui pose directement une question et les corrélations qui en résulteront seront du niveau de celles que pourrait établir tout individu bien informé. Seul l'inconscient peut accomplir des miracles.)

Mark, comme tout bon mnémonique, tomba dans le panneau.

— Non, protesta-t-il avec véhémence, je n'en ai jamais entendu parler. Pas dans les cas de planètes habitables. Si elle est de glace, si c'est un désert, alors tout peut arriver. Mais Junior n'en est pas là.

— Non, reconnut Sheffield, Junior n'en est pas là.

— Alors pourquoi l'équipage serait-il paniqué ? Je n'ai pas cessé de me poser la question depuis le départ. C'est ainsi que m'est venue l'idée de consulter le journal de bord. De toute façon, je n'en avais encore jamais vu et ce ne pouvait être du temps perdu. Et j'étais certain d'y trouver la solution.

— Mmm, dit Sheffield.

— Et... euh... j'ai dû me tromper. Figurez-vous que dans tout le journal, je n'ai pas trouvé un seul mot concernant l'objet de l'expédition. Il ne peut s'agir que d'un secret auquel les autres officiers eux-mêmes ne doivent pas avoir accès. Et le vaisseau est désigné sous son vrai nom, *George G. Grundy*.

— Oui, bien sûr.

— Je ne sais pas. Cette histoire de *Triple G.* me semblait louche.

— Tu sembles déçu que le Capitaine n'ait pas menti.

— Déçu, non. Soulagé. Je me disais, je me disais... (Il se tut, embarrassé, mais Sheffield ne fit rien pour se porter à son secours. Obligé de poursuivre, Mark reprit d'une voix neutre :) Je me disais que tout le monde me mentait. Et pas seulement les autres. *Vous,* docteur Sheffield, vous auriez pu me mentir. Je croyais que vous aviez une bonne raison de vouloir m'empêcher de m'adresser à l'équipage.

Non sans mal, Sheffield parvint à grimacer un sourire. Le soupçon était la maladie chronique du Service. Ces mnémoniques vivaient en vase clos ; ils étaient différents. La relation de cause à effet sautait aux yeux.

— Sans doute comprendras-tu en te documentant sur les superstitions qu'il y en a bien peu qui relèvent d'une analyse logique. Une planète qui s'est rendue célèbre par un drame a une réputation maléfique. Tous ses aspects positifs sont délibérément oubliés. Le tableau est outrageusement noirci. Le processus, tu t'en doutes, fait boule de neige.

Il s'écarta de Mark et fit mine de s'affairer autour des sièges hydrauliques. L'atterrissage était imminent. Bien inutilement, il inspecta les larges sangles des courroies, tournant le dos à son jeune compagnon. Ainsi à l'abri de son regard curieux, il continua à mi-voix :

— Et surtout, ce qui aggrave la situation, c'est que Junior soit à ce point différente. (Doucement, doucement, n'insiste pas. Tu as déjà essayé le truc auparavant, et...)

— Mais pas du tout, s'écria Mark. Pas le moins du monde. Par contre, les expéditions qui ont échoué, elles, étaient différentes.

Sheffield se garda bien de se retourner. Il attendait.

— Les dix-sept expéditions à destination de planètes à présent habitées et qui se sont soldées par des échecs n'étaient en fait que de petits groupes d'exploration. Pour seize d'entre elles, c'est un naufrage qui a provoqué le drame. En ce qui concerne le dernier exemple, il s'agit d'une attaque surprise lancée par les formes de vie indigènes, pas du tout intelligentes, cela va de soi. Je peux vous fournir des détails sur chacune de ces catastrophes...

Sheffield ne put s'empêcher de retenir son souffle. Mark, en effet, *pouvait* fournir des détails, tous les détails, sur chaque catastrophe. Il lui était aussi facile de répéter mot pour mot les rapports de ces expéditions que de dire oui ou non. Et il pouvait fort bien décider de le faire. Un mnémonique n'a aucun sens de la mesure. C'est un de leurs traits de caractère qui rend impossible toute cohabitation entre les mnémoniques et les autres, les « normaux ». Rien de plus assommant, par définition, qu'un mnémonique. (Même Sheffield, habitué à tout supporter, à tout entendre, et qui n'avait pas l'intention d'interrompre Mark s'il se sentait d'humeur à tout déballer, laissa échapper un imperceptible soupir.)

— Mais à quoi bon, reprit Mark, et Sheffield sentit s'éloigner la menace. Elles n'ont aucun rapport avec la première expédition Junior, soit 789 hommes, 207 femmes et 15 enfants de moins de treize ans, auxquels vinrent s'ajouter, l'année suivante, un groupe d'immigrants composé de 317 femmes, 9 hommes et 2 enfants. La colonie survécut pendant presque deux ans et on ignore la cause de leur mort. D'après leur rapport, il pourrait s'agir d'une épidémie.

» Alors *là*, ce serait une tout autre affaire. Mais la planète elle-même n'a rien d'insolite, sauf, bien sûr...

Mark marqua un temps d'arrêt, comme si ce renseignement était trop insignifiant pour qu'on prît la peine de le rappeler et Sheffield se mordit la lèvre pour ne pas hurler.

— En effet, dit-il, avec un effort démesuré pour garder son calme. Il y a *cette* différence.

— Tout le monde le sait. Elle a deux soleils alors que les autres n'en ont qu'un.

Le psychologue se retint de lâcher un juron de dépit. Rien ! Il était inutile de s'acharner. Il aurait peut-être plus de chance la prochaine fois. La patience, disait-on, était la première vertu des instructeurs.

Sheffield s'installa dans le siège hydraulique et boucla solidement ses sangles. Mark l'imita. (Par délicatesse Sheffield réprima son envie de l'aider.) Il consulta sa montre. Le vaisseau avait dû amorcer la spirale.

En plus de sa déception, Sheffield ressentait un vague malaise. Mark Annuncio s'était trompé en se fiant à son intuition intime qui lui soufflait que le Capitaine et tous les autres lui avaient menti. Parce que leur réserve d'informations était immense, les mnémoniques avaient tendance à la croire illimitée. Erreur grossière. C'est pourquoi ils doivent (ainsi parlait Karaganda) soumettre leurs corrélations à une autorité compétente et surtout, ne jamais prendre d'initiative.

Jusqu'à quel point l'erreur commise par Mark traduisait-elle un dérèglement ? Avant lui, jamais aucun mnémonique n'avait quitté les locaux du Service ; jamais on n'en avait séparé un seul du reste du groupe pour l'isoler au milieu de noncompos. Quelle conséquence ce bouleversement aurait-il sur lui ? Les effets continueraient-ils à s'en faire sentir, après ? Seraient-ils négatifs ? Si oui, comment les enrayer ?

Le Dr Oswald Mayer Sheffield n'avait pas la première réponse à toutes ces questions.

★

Ceux qui se trouvaient aux commandes du vaisseau étaient privilégiés. Il fallait leur adjoindre Cimon, lequel, en sa qualité d'astrophysicien et de responsable de l'expédition, était resté avec eux par dispense spéciale. Les autres membres de l'équipage vaquaient à leurs occupations respectives et les autres savants préféraient le confort relatif de leurs sièges hydrauliques pendant le temps qu'il faudrait au vaisseau pour descendre en vrille vers le sol de Junior.

Tant que Junior était encore assez loin pour être vue dans son ensemble, le spectacle était vraiment superbe.

Au nord et au sud, à un tiers de la distance qui les séparait de l'équateur, on distinguait les calottes glaciaires, à l'aube d'une retraite qui devait durer mille ans. La spirale du *Triple G.* se déroulait du nord au sud (ainsi en avait décidé Cimon, au mépris d'une plus grande sécurité, afin de ne rien perdre, justement, du spectacle qu'offraient les calottes glaciaires) et chaque pôle se présentait à tour de rôle.

Tous deux nimbés de lumière solaire, car Junior ayant un axe incliné, les calottes se scindaient en tranches irrégulières, de différentes nuances.

Simultanément frappé par les deux soleils, le tiers le plus brillant était d'un blanc aveuglant qui virait peu à peu au jaune à l'ouest et au vert à l'est. A l'est de la zone la plus éclairée on en discernait une autre moitié moins large dont la neige se teintait de bleu sous les rayons de Lagrange I, alors qu'à l'ouest, une demi-tranche, exposée à l'influence de Lagrange II, se réchauffait de la pourpre du coucher de soleil. Les trois couleurs se fondaient les unes dans les autres et l'observateur pensait irrésistiblement à un arc-en-ciel.

Par comparaison, le dernier tiers semblait bien sombre, mais un œil attentif pouvait y déceler différentes gradations, du noir, pour la bande la plus mince, au gris.

— Le clair de lune, c'est évident, murmura Cimon avant de jeter autour de lui un regard anxieux pour s'assurer qu'il n'avait pas été entendu.

Il lui déplaisait que d'autres soient témoins du processus par lequel une conclusion mûrissait dans son esprit. Il préférait avoir à la présenter à ses élèves ou à son auditoire (à tous, autrement dit) sous sa forme définitive : un joyau parfait, dont on ne devinait ni l'origine ni le développement.

Mais il n'y avait autour de lui que des astronomes, trop occupés pour lui prêter attention. Tout blasés qu'ils étaient, ils consacraient les rares instants de liberté que leur octroyaient leurs tâches à dévorer des yeux les merveilles de ce monde inconnu.

La spirale s'incurva, évolua du nord-sud au nord-est-sud-ouest, se stabilisa enfin sur un axe est-ouest où l'atterrissage serait plus facile. Amorti, le fracas de l'entrée dans l'atmosphère se répercuta malgré tout à l'intérieur de la cabine. Ce ne fut tout d'abord qu'un sifflement ténu qui s'enfla au fil des minutes. Jusqu'à présent, dans l'intérêt de l'observation scientifique (et au grand dam du Capitaine), la spirale était restée serrée, la décélération insensible et innombrables les circumnavigations planétaires. Au moment où ils mordirent dans l'atmosphère de Junior, la décélération s'accentua et la surface monta soudain à l'assaut des visages penchés au-dessus d'elle.

Les calottes disparurent de part et d'autre, remplacées par une alternance égale d'eau et de terre. Un continent au relief plat, coincé entre deux chaînes de montagnes qui couraient le long de chaque littoral, comme une assiette à soupe dont les bords seraient couronnés de neige, surgissait à intervalles réguliers. Il s'enroulait autour de Junior sur un demi-diamètre et tout le reste n'était qu'océan.

Pour l'instant, la plus grande partie de cet océan se trouvait plongée dans la zone d'ombre, à l'exception d'une mince bande touchée par l'éclat rouge orangé de Lagrange II. A la lumière de cet astre, les flots se coloraient de pourpre sombre, constellée de taches d'un rouge plus brillant qui allaient en s'épaississant vers les pôles : des icebergs !

Le continent, lui, se partageait entre le demi-secteur rouge orangé et la pleine lumière. Seul, le littoral oriental rognait sur le bleu-vert. La chaîne orientale offrait un spectacle saisissant, avec un versant nimbé de rouge et l'autre de vert.

Le vaisseau ralentissait ; on avait fini de survoler l'océan. Prochaine étape — l'atterrissage !

★

Les premiers pas furent d'une prudence et d'une lenteur extrême. Cimon procéda à un examen méticuleux des épreuves couleurs de Junior prises depuis l'espace. Malgré diverses protestations, il les fit circuler parmi les autres membres de l'expédition et plus d'un grommela d'avoir préféré le confort de sa cabine à l'unique occasion de contempler l'original de ce qu'il avait sous les yeux.

Boris Vernadsky restait penché au-dessus de son analyseur de gaz et laissait échapper de petits grognements.

— Nous devons être à peu près au niveau de la mer, déclara-t-il, si j'en juge par la valeur de *g*. (Puis, voyant que tous attendaient ses éclaircissements, il ajouta sur un ton négligent :) *G* n'est autre que la constante gravitationnelle. (Ce qui laissa sur leur faim la plupart de ses collègues.)

— La pression atmosphérique, poursuivit-il, ne dépasse pas huit cents millimètres de mercure, soit 5 pour cent de plus que sur Terre, reprit-il, dont deux cent quarante millimètres d'oxygène contre cent cinquante seulement sur Terre. Ce n'est pas si mal.

Il semblait quêter une quelconque approbation, mais les savants ont pour habitude de se garder de tout commentaire sur les rapports de leurs confrères d'une autre spécialité. Il continua donc.

— De l'azote, bien sûr. Bizarre, vous ne trouvez pas, cet entêtement de la nature à se répéter comme un gosse de trois ans qui ne connaît que trois leçons en tout et pour tout. C'est moins drôle lorsqu'on sait qu'un monde pourvu d'eau a toujours une atmosphère à dominante d'oxygène et d'azote. Tout ça devient d'un monotone !

— Et cette atmosphère, que contient-elle d'autre ? s'enquit Cimon d'une voix sèche. Pour l'instant, nous n'avons obtenu que sa composition en oxygène et en azote agrémentée de quelques réflexions bassement philosophiques dispensées par Oncle Boris.

Tout sourire, Vernadsky accrocha ses bras par-dessus le dossier de son fauteuil et demanda :

— Qui êtes-vous ? Le directeur ou je ne sais quoi ?

Cimon, pour qui ce titre ne signifiait que la responsabilité de devoir se farcir les rapports pour le Bureau, piqua un fard et répéta d'un air menaçant,

— Que contient-elle d'autre, docteur Vernadsky ?

Sans un regard pour ses notes, Vernadsky récita :

— En quantités inférieures à un pour cent et supérieures au centième de un pour cent : hydrogène, hélium, acide carbonique, dans l'ordre. En quantités inférieures à un pour cent et supérieures au dix millième de un pour cent : méthane, argon et néon, dans l'ordre. En quantités inférieures au dix millième de un pour cent et supérieures au millionième de un pour cent : radon, krypton et xénon, dans l'ordre.

» Les chiffres ne nous renseignent guère. Tout ce que j'ai pu en apprendre, c'est que Junior doit être riche en uranium, pauvre en potassium, et qu'il n'est pas étonnant qu'elle soit si joliment coiffée de ces calottes glaciaires.

Il avait lancé ça à dessein, dans l'espoir que quelqu'un lui demanderait comment il le savait, et inévitablement, sur un ton de stupeur flatteuse, quelqu'un posa la question.

Vernadsky eut un sourire modeste.

— Le radon atmosphérique est de dix à cent fois plus élevé que sur Terre. L'hélium aussi. Or, radon et hélium sont des produits dérivés de la fission radioactive de l'uranium et du thorium. Conclusion : uranium et thorium sont de dix à cent fois plus abondants dans la croûte de Junior que dans celle de la Terre.

» L'argon, par contre, est environ cent fois moins abondant que sur Terre. Il est probable que Junior a perdu ses réserves. En fait d'argon, une planète de ce type possède celui qui se forme à partir de la fission de K 10, un des composés du potassium. Autrement dit, peu d'argon, peu de potassium. Vu ?

— Et les calottes ? demanda un membre du groupe.

Avant même que Vernadsky ait pu ouvrir la bouche, Cimon, qui connaissait la réponse, demanda :

— Quel est le pourcentage exact d'acide carbonique ?

— Zéro point zéro un six mm, dit Vernadsky.

— Alors ? insista le curieux.

— Il y a moitié moins d'acide carbonique qu'il n'y en avait sur Terre, et c'est l'acide carbonique qui produit l'effet de serre chaude. Il permet aux ondes courtes de la lumière solaire de traverser la surface de la planète tout en interdisant aux grandes ondes de la chaleur planétaire de se dégager. Lorsque, sous l'influence de l'action volcanique, s'accentue la concentration de l'acide carbonique, la planète se réchauffe et vous vous retrouvez avec un âge carbonifère : les océans envahissent les continents qui sont alors réduits au minimum. Au contraire, lorsque l'acide carbonique diminue parce que la végétation, avide du bon vieux CO^2, en absorbe une bonne quantité, la température dégringole, la glace se forme et c'est le début d'une période glaciaire, et — hum — et voilà...

— Rien d'autre, dans l'atmosphère ? demanda Cimon.

— Poussière et vapeur d'eau. Sans compter quelques millions de spores de maladies virulentes au centimètre cube. (La dernière phrase avait été prononcée sur un ton léger, mais il y eut un flottement dans la salle. Et plus d'un donna l'impression de retenir son souffle.)

Vernadsky haussa les épaules :

— Pour l'instant, n'y pensez pas. Mon analyseur a passé l'éponge sur la poussière et les spores, mais je précise que ce n'est pas mon rayon. Si j'avais à donner un conseil à Rodriguez, ce serait de commencer sur-le-champ ses fichues cultures sous vitre. Une bonne vitre bien épaisse.

★

Mark Annuncio se promenait partout. Les yeux brillants, il tendait l'oreille et se frayait un passage vers l'orateur pour mieux entendre. Les savants toléraient son manège avec différentes nuances d'hostilité qui dépendaient de la personnalité et de l'humeur de chacun. Nul ne lui adressait la parole.

Sheffield ne le quittait pas d'une semelle. Lui aussi parlait le moins possible, attentif surtout à demeurer à l'arrière-plan des préoccupations conscientes de Mark afin de ne pas lui donner l'impression qu'il le poursuivait. Il tenait au contraire à lui procurer une relative sensation de liberté, comme si sa présence à lui, Sheffield, était le simple fait du hasard.

C'était, bien sûr, un vœu pieux qui n'avait aucune chance de se réaliser, il le savait. Mais avait-il le choix ? Il *devait* être là pour empêcher le gosse de se fourrer dans le pétrin.

★

Miguel Antonio Rodriguez y Lopez (microbiologiste ; petit, teint basané, cheveux d'un noir intense qu'il portait plutôt longs, avec la réputation entretenue par son silence d'être un séducteur dans la plus pure tradition latine) cultiva la poussière recueillie par l'analyseur de Vernadsky avec un mélange de précision et de délicatesse respectueuse.

— Rien, annonça-t-il enfin. Ces cultures m'ont l'air parfaitement inoffensives.

Il lui fut alors suggéré que l'aspect nuisible des bactéries de Junior ne pouvait pas forcément être observé ainsi ; on n'analyse pas à l'œil nu toxines et processus métaboliques, pas même avec l'œil du microscope.

Cette remarque fut accueillie avec le plus grand mépris. C'était presque un empiétement sur sa chasse gardée professionnelle. Il haussa un sourcil, un seul, et répliqua :

— On en arrive à flairer ces choses-là. Quand on a observé autant de microcosmes que moi, on en arrive à flairer le danger — ou l'absence de danger.

C'était un mensonge flagrant et Rodriguez le reconnut implicitement en transférant soigneusement des échantillons des différentes colonies de germes dans un milieu isotomique, puis en injectant le résultat concentré à des hamsters. Cela ne leur fit ni chaud ni froid.

On isola ensuite dans de grands récipients hermétiques des échantillons d'atmosphère à l'état pur puis on y enferma un certain nombre de spécimens de la vie animale secondaire originaires de la Terre et d'autres planètes. Ils ne semblèrent pas s'en porter plus mal.

★

Nevile Fawkes (botaniste ; assez gâté par la nature pour céder à la tentation de coiffer ses cheveux à la manière d'Alexandre le Grand tel qu'on peut l'admirer en buste ; mais dont le nez, infiniment plus aquilin que ne le fût jamais celui de l'empereur, interdira toujours à la ressemblance d'être convaincante) avait effectué une sortie longue de deux jours (selon le calendrier de Junior) dans un des cabotiers atmosphériques du *Triple G*. Il savait le manœuvrer à la perfection et à l'exception des membres de l'équipage, il était le seul à pouvoir le faire, à la perfection ou non, de sorte qu'il s'était trouvé tout naturellement désigné pour accomplir cette tâche. Privilège dont Fawkes se fût bien volontiers passé.

Il revint, sain et sauf, incapable de dissimuler un profond soulagement. Il se soumit de bonne grâce à l'épreuve de l'irradiation afin de stériliser l'extérieur de sa combinaison de vol flexible (conçue pour protéger l'usager contre l'effet délétère de l'environnement étranger ; la rigidité d'une véritable combinaison spatiale articulée ne s'imposait pas dans une atmosphère aussi dense que celle de Junior.) Le cabotier fut soumis à une irradiation plus intense et attaché sous une bâche de plastique.

Fawkes fit étalage d'innombrables photos couleurs. La vallée qui occupait la partie centrale du continent semblait d'une fertilité qui dépassait tous les fantasmes terrestres. Elle était sillonnée de vastes rivières au débit puissant et dominée par de hautes montagnes dont les sommets déchiquetés disparaissaient sous la neige (sur laquelle les soleils jouaient de leurs habituels effets de feux d'artifice.) Seules les végétations exposées à la lumière de Lagrange II, plus sombres, de la couleur du sang coagulé, offraient un aspect franchement répugnant. Mais sous l'influence de Lagrange I ou des deux soleils, une flore luxuriante au cœur de laquelle scintillaient de nombreux lacs (en particulier au nord et au sud, le long des fronts glacés qui se retiraient) éveilla chez nombre d'entre eux la nostalgie du foyer natal.

— Jetez un coup d'œil là-dessus, dit Fawkes.

Il avait volé en rase-mottes pour prendre un cliché d'un champ d'énormes fleurs pigmentées de rouge. Etant donné le rayonnement riche en ultraviolets de Lagrange I, le temps de pose devait être extrêmement court, et malgré le mouvement du cabotier, chaque corolle se détachait avec la netteté d'une éclaboussure écarlate.

— Je vous jure que ces fleurs avaient bien dix pieds de large, murmura Fawkes.

En silence, ils admirèrent le champ de fleurs.

— Et naturellement, reprit Fawkes, pas trace de vie intelligente.

Sheffield lui jeta un coup d'œil aigu. Par définition, vie et intelligence, c'était son rayon.

— Comment le savez-vous ?

— Jugez-en par vous-même, dit le botaniste. Regardez les photos. Ni route, ni agglomération, ni canaux, aucun signe du passage de l'homme.

— Aucun signe d'une civilisation mécanique, c'est tout, rectifia Sheffield.

— Même les hommes-singes se seraient construit des abris et connaîtraient l'usage du feu, riposta Fawkes, froissé.

— Ce continent est dix fois plus vaste que l'Afrique et vous l'avez survolé pendant deux jours. Vous êtes loin d'avoir tout vu.

— J'ai dû voir l'essentiel, déclara Fawkes sur un ton sans réplique. Dites-vous bien que j'ai suivi chaque fleuve important en amont et en aval et que j'ai survolé les deux littoraux. Ce sont les sites les plus propices à l'établissement d'une colonie.

— Soixante-douze heures pour examiner quinze mille kilomètres de côtes auxquels il faut ajouter je ne sais combien de milliers de kilomètres de rivières, c'est justement ce qui s'appelle un « survol » de la situation.

— Le sens de cette discussion m'échappe, coupa Cimon. L'Homo sapiens est la seule forme d'intelligence jamais découverte à travers la Galaxie où plus de cent mille planètes ont été explorées. Autant dire que la Troade n'a virtuellement aucune chance d'abriter une quelconque intelligence.

— Vraiment ? répliqua Sheffield. Avec cet argument, autant dire que la Terre n'en a pas davantage.

— Dans son rapport, Makoyama signalait l'absence de toute vie intelligente.

— De combien de temps disposait-il ? D'un index distrait, on remue vaguement une meule de foin et on proclame qu'il n'y a pas d'aiguille.

— Que de vaines querelles ! s'exclama Rodriguez sur un ton acerbe. On se dispute comme des chiffonniers, pourquoi, je vous le demande ? Disons que l'hypothèse de l'existence d'indigènes intelligents reste à démontrer et n'en parlons plus. Nous n'avons pas fini d'explorer ce monde, tout de même !

★

Des reproductions de ces premières photos de la surface de Junior furent ajoutées à ce qu'on pourrait appeler un dossier en suspens. Après un second voyage, Fawkes rentra d'humeur plus sombre et la réunion se déroula dans un climat alourdi.

Une nouvelle série de photos circula de mains en mains avant d'être rangée par Cimon lui-même dans le coffre que nul ne pouvait ouvrir, à l'exception du responsable de l'expédition lui-même ou d'une explosion nucléaire.

— Grosso modo, les deux fleuves les plus importants ont un cours nord-sud qui longe les versants orientaux de la chaîne orientale, commenta Fawkes. La plus grande des deux rivières prend sa source dans la calotte glaciaire septentrionale, l'autre dans la calotte méridionale. Les affluents, dont le réseau recouvre toute la plaine orientale, s'écoulent vers l'ouest en provenance de la chaîne orientale. La plaine est en pente et s'incline d'est en ouest ; ce n'est guère surprenant si l'on considère que la chaîne orientale est la plus haute, la plus longue et la plus continue. Je n'ai pas pu en mesurer l'altitude, mais à mon avis, elle enfonce l'Himalaya. D'une certaine façon, elle me rappelle beaucoup la chaîne Wu Ch'ao sur Hesperus. Pour les survoler, vous devez entrer dans la stratosphère, et ces crevasses... Wow !

» Bref, (non sans effort, il en revint à la discussion en cours :) les deux principaux fleuves confluent à quelque cent cinquante kilomètres au sud de l'équateur et s'engouffrent dans un col de la chaîne occidentale. Lorsqu'ils en émergent, c'est pour se jeter dans l'océan, à une vingtaine de kilomètres.

» L'embouchure est un site idéal pour y édifier la métropole planétaire. Les routes commerciales en provenance de l'intérieur convergent inévitablement à cet endroit qui deviendrait l'entrepôt du commerce spatial. Et même en ce qui concerne le commerce local, ce serait à la côte orientale d'amener les marchandises sur l'autre rive. Faire l'ascension de la chaîne représente un effort superflu. Enfin, il y a les îles que nous avons aperçues en atterrissant.

» C'est là, et nulle part ailleurs, que j'aurais cherché les vestiges de la colonie, même si je n'en avais pas connu la latitude et la longitude. Et ces colons voyaient loin : c'est là qu'ils ont établi leurs ateliers.

— Disons qu'ils croyaient voir loin, murmura Novee. Il ne doit pas en rester grand-chose, non ?

Fawkes affecta de prendre le problème avec philosophie.

— Cela s'est passé il y a un siècle. Qu'est-ce que vous espériez ? Personnellement, j'ai été surpris de constater qu'il restait de si nombreux vestiges. Tous les bâtiments, ou presque, étaient des préfabs. Ils se sont écroulés et la végétation s'est frayée un chemin à l'intérieur des ruines ou les a recouvertes. C'est le climat réfrigérant de Junior qui les a préservés. Les arbres — ou ces choses qui peuvent passer pour des arbres — sont très petits et ont l'air d'avoir une croissance très lente.

» Malgré tout, la clairière a disparu. Vu d'en

haut, le seul indice qui trahit l'emplacement de l'ancienne colonie est la couleur et — hum — la texture différente de la végétation. (Il désigna une photographie.) Ceci n'est plus qu'un crassier. Une ancienne usine, peut-être. Et là, il doit s'agir des monticules qui recouvrent les tombes.

— Des restes ? demanda Novee. Ossements ou ce genre de choses ?

Fawkes secoua la tête.

— Les derniers survivants ne se sont pas enterrés eux-mêmes, n'est-ce pas ? reprit Novee.

— Des animaux ont dû passer par là, dit Fawkes. (Il s'écarta du groupe et lui tourna le dos.) Il pleuvait lorsque je me suis glissé jusque-là. J'entendais le flic-flac des gouttes qui s'écrasaient sur les feuilles plates au-dessus de ma tête et sous mes pas, le sol était trempé et spongieux. Il faisait sombre et je vous assure que l'endroit n'avait rien d'engageant. Il soufflait un vent glacé. Les photos, dites-vous bien, ne rendent pas compte de tout. J'avais l'impression d'être cerné par un millier de fantômes...

Son humeur dépressive était contagieuse.

— Allez-vous la boucler ! s'exclama Cimon avec violence.

A l'arrière-plan, le nez effilé de Mark Annuncio frémit sous l'effet d'une intense curiosité. Il se tourna vers Sheffield.

— Des fantômes ? chuchota-t-il. Aucun cas authentique de...

— Ce n'est qu'une façon de s'exprimer, Mark, répondit Sheffield. Mais ne lui en veux pas trop de ne pas faire allusion à de vrais fantômes. Après tout, tu assistes à la genèse d'une superstition, ce n'est déjà pas si mal.

Ce soir-là, après le second retour de Fawkes, un

capitaine Follenbee à l'humeur maussade alla trouver Cimon et lui annonça avec son habituelle maladresse :

— Ça ne colle pas, docteur Cimon. Mes hommes en ont par-dessus la tête de ne pas savoir à quoi s'en tenir !

Les mantelets de sabord étaient ouverts. Lagrange I se levait et le reflet pourpre de Lagrange II, encore assombri lorsque l'astre se couchait, nimbait le visage du Capitaine et teintait de rouge la courte brosse de ses cheveux.

— Qu'est-ce qui ne va pas, Capitaine ? demanda Cimon sur ce ton d'impatience contenue qu'il avait adopté vis-à-vis de l'équipage en général et du Capitaine en particulier.

— On est là depuis deux semaines de temps terrestre, pourtant personne ne quitte le vaisseau sans combinaison et personne n'y rentre sans être irradié. Quelque chose qui cloche dans l'air ?

— Pas que nous sachions, non.

— Alors, pourquoi ne le respire-t-on pas ?

— Ça, Capitaine, c'est à moi d'en décider.

Le visage du Capitaine s'empourpra pour de bon.

— D'après le contrat, dit-il, je ne suis pas obligé de rester si la sécurité de mon vaisseau ne peut être assurée. Je n'ai pas envie de me retrouver avec un équipage effrayé et rebelle.

— Ne pouvez-vous répondre de la discipline de vos propres hommes ?

— Si, avec une bonne raison.

— Enfin, qu'est-ce qui les tracasse ? Cette planète est inexplorée et nous faisons preuve de prudence. Ils devraient pouvoir le comprendre, tout de même !

— Ecoutez, voilà deux semaines que vous faites preuve de prudence. Ils ont l'impression qu'on leur dissimule quelque chose. Et c'est la stricte vérité, vous le savez bien. D'autre part, les hommes ont besoin de sortir du vaisseau. Même si c'est pour se retrouver sur une scorie de deux kilomètres de long. Ils ont besoin de rompre avec le train-train du vaisseau. On ne peut les en priver plus longtemps.

— Parfait. Donnez-moi jusqu'à demain, dit Cimon avec hauteur.

★

Le lendemain, les savants se rassemblèrent dans l'observatoire.

— Vernadsky confirme que les données sur l'air sont toujours négatives et Rodriguez n'a découvert aucun organisme pathogénique de quelque type que ce soit, commença Cimon.

Un murmure de doute accueillit cette dernière affirmation.

— La colonie a succombé à une épidémie, s'écria Novee. J'en suis convaincu !

— Peut-être, riposta aussitôt Rodriguez, mais pourriez-vous m'expliquer de quelle façon ? C'est impossible, figurez-vous. IMPOSSIBLE. Ecoutez, toutes les planètes de type T engendrent la vie et cette vie, toujours de nature protéique, a une organisation en cellule ou virus. Un point c'est tout. Là s'arrête la ressemblance.

» Vous autres profanes, vous êtes persuadés que c'est partout pareil. Sur Terre comme sur n'importe quelle planète. Les germes sont les germes et les virus sont les virus. Laissez-moi vous dire que vous ne comprenez rien aux infinies possibilités de variations dans les molécules protéiques. Même sur

Terre, chaque espèce contracte ses propres infections. Quelques-unes peuvent s'étendre à d'autres espèces, mais il n'existe pas sur Terre une seule forme de vie pathogénique qui puisse s'attaquer à toutes les autres espèces.

» Vous croyez qu'un virus ou une bactérie qui se développe pendant un milliard d'années sur une autre planète, avec d'autres amino-acides, d'autres systèmes d'enzymes, un autre schéma métabolique va se jeter sur l'*Homo sapiens* comme sur un sucre d'orge. Eh bien, permettez-moi de vous le dire, ce sont des gamineries.

Novee, le physicien, qui avait mal supporté de se voir incorporé dans le rang des « profanes », n'était pas du tout disposé à lâcher le morceau.

— Où qu'il aille, l'*Homo sapiens* trimbale avec lui ses propres germes, Rod. Qui vous dit que le virus du rhume, ou celui de la grippe, ne vont pas se transformer sous une quelconque influence planétaire en quelque chose de mortel ? On a déjà observé ce genre de mutation sur Terre. L'épidémie de para-roug...

— Je connais aussi bien que vous l'épidémie de para-rougeole de 2755, coupa Rodriguez, agacé, et l'épidémie de grippe de 1918, et pourquoi pas la peste brune, pendant que vous y êtes ? Mais pourriez-vous me citer des exemples récents ? L'expédition remonte peut-être à un siècle ou plus, mais ce n'était pas vraiment l'ère pré-atomique non plus. Parmi ses membres, il y avait des médecins. Ils avaient des réserves d'antibiotiques et, bon Dieu, ils n'ignoraient rien des techniques d'induction des anticorps ! Sans parler de l'expédition médicale de secours.

Novee se contenta de tapoter son embonpoint proéminent.

— Les symptômes étaient ceux d'une infection respiratoire, dit-il. La dypsnée...

— Epargnez-moi cette énumération, voulez-vous ? Je vous le répète, aucun microbe n'est responsable de ce qui s'est passé. C'est tout simplement impossible !

— Alors, qu'est-ce que c'était ?

— Je ne suis pas compétent pour vous répondre. De mon strict point de vue, ce n'était pas une infection. Pas même mutante. Impossible. *Mathématiquement* impossible, fit-il en articulant l'adverbe comme s'il s'adressait à un sourd.

Un frisson parcourut l'auditoire : fendant le petit groupe, Mark Annuncio propulsa sa mince silhouette au premier rang.

— Mathématiquement ? demanda-t-il avec fougue lorsqu'il se trouva devant Rodriguez.

C'était la première fois qu'il ouvrait la bouche au cours d'une semblable réunion. Sheffield le suivit en jouant des coudes. Il s'excusa une bonne demi-douzaine de fois.

Hors de lui, Rodriguez avança la lèvre inférieure dans une moue de mépris et laissa tomber :

— *Vous* m'avez demandé quelque chose ?

Mark sentit s'effriter son assurance.

— Vous venez d'affirmer que mathématiquement, il ne pouvait s'agir d'une infection, fit-il sur un ton radouci. Et je me demandais en quoi les mathématiques... (Il n'acheva pas sa phrase.)

— Je vous ai donné mon point de vue professionnel, répliqua Rodriguez d'une voix neutre.

Sur ce, il tourna les talons. Il ne serait venu à l'idée de personne de remettre en cause le point de vue professionnel d'un collègue, à moins d'être de la même spécialité. C'eût été laisser entendre que la compétence et le savoir du dit spécialiste étaient suffisamment douteux pour pouvoir être mis en question par un profane.

Mark le savait, mais d'un autre côté, il appartenait au Service Mnémonique et cela suffisait. Sa main se posa sur l'épaule de Rodriguez. Autour d'eux, muets et fascinés, les autres n'en perdaient pas une bouchée.

— Je sais que vous vous êtes exprimé en tant que microbiologiste, mais si cela ne vous fait rien, j'aimerais quand même entendre l'explication. (Loin de lui l'idée de vouloir paraître péremptoire. Cette question était d'ordre strictement professionnel.)

Rodriguez fit volte-face.

— Vous aimeriez, vraiment ? Et pour qui vous prenez-vous pour avoir cette exigence ?

Stupéfait par la véhémence avec laquelle on lui avait craché ces paroles au visage, Mark s'apprêtait à rentrer dans sa coquille, mais Sheffield l'avait rejoint, et avec son assurance retrouvée, il se sentit gagné par la colère. Sans tenir compte du chuchotement hâtif de Sheffield, il répondit d'une voix sèche :

— Mon nom est Mark Annuncio. J'appartiens au Service Mnémonique et je vous ai posé une question. Je vous somme d'expliquer votre point de vue.

— Pas d'explication. Sheffield, emmenez-moi ce morveux et bordez-le dans son lit. Et désormais, faites en sorte qu'il se tienne à l'écart de moi. Sacrée bourrique !

Sheffield prit Mark par le poignet mais celui-ci s'arracha à son étreinte.

— Espèce de sale noncompos ! hurla-t-il. Pauvre imbécile ! Une passoire sur deux pattes, voilà ce que vous êtes ! Lâchez-moi, docteur Sheffield —

vous n'êtes pas un expert, vous non plus. Vous oubliez la plupart des choses que vous apprenez et ça ne pèse pas lourd de toute façon. Aucun d'entre vous n'est un expert...

— Sheffield, pour l'amour dû ciel, s'exclama Cimon, faites sortir ce jeune abruti !

Sheffield, son long visage couleur brique, se pencha et souleva Mark au-dessus du sol. Sans cesser de le tenir serré contre lui, il se fraya un passage jusqu'à la porte et sortit.

Les yeux de Mark s'embuèrent. Lorsque la porte se fut refermée, il retrouva assez de souffle pour articuler.

— Reposez-moi. Il faut que j'écoute — il faut que j'écoute ce qu'ils disent.

— N'y retourne pas, Mark. Je t'en prie.

— C'est bon. Ne vous inquiétez pas. Mais...

Il laissa sa phrase en suspens.

★

A l'intérieur de la salle d'observation, Cimon, l'air effaré, s'efforçait d'apaiser les esprits.

— Allons, allons, revenons à notre problème. Un peu de calme, s'il vous plaît ! Oh, la ferme ! Pour ma part, je me range à l'avis de Rodriguez. Il me convient et j'imagine qu'aucun d'entre vous ne remet en cause son diagnostic.

— Ça vaut mieux, murmura Rodriguez dont les yeux sombres étincelaient de rage contenue.

— Et puisque nous n'avons pas à redouter d'infection, reprit Cimon, je me propose de suggérer au Capitaine de laisser son équipage se rendre au-dehors sans protection particulière contre l'atmosphère. L'impossibilité de sortir pèse sur leur moral, paraît-il. Y a-t-il des objections ?

Il n'y en avait pas.

— Rien ne nous empêche de passer à l'étape suivante de nos recherches, poursuivit Cimon. C'est pourquoi je propose que nous établissions un campement sur le site de l'ancienne colonie. Les cinq personnes que je vais désigner iront s'installer là-bas. Fawkes, puisqu'il sait piloter le cabotier ; Novee et Rodriguez pour la biologie ; Vernadsky et moi-même pour la physique-chimie.

» Naturellement, toute information pertinente ou suggestion tactique émanant du reste du groupe sera la bienvenue. Plus tard, nous pourrons tous nous établir là-bas, mais pour l'instant, cinq me paraît être un chiffre suffisant. Jusqu'à nouvel ordre, les communications entre le groupe et le vaisseau s'effectueront par radio. En effet, si un drame survenait sur le site du campement, il y aurait bien assez de cinq hommes exposés.

— Avant d'être anéantie, la colonie avait vécu plusieurs années sur Junior, fit observer Novee. Plus d'un an, de toute façon. Il peut s'écouler un certain temps avant que nous soyons sûrs que toute menace est définitivement écartée.

— Nous ne sommes pas des colons, dit Cimon. Nous sommes une équipe de savants qui a choisi d'aller au-devant du danger. S'il existe, nous le trouverons et une fois trouvé, nous le détruirons. Deux ans, c'est beaucoup plus qu'il nous faut pour mener à bien cette tâche. Des objections ?

Il n'y en avait toujours pas et l'on se sépara.

★

Mains jointes autour des genoux, menton sur la poitrine, Mark Annuncio restait prostré sur sa couchette. Il avait séché ses larmes mais sa voix vibrait toujours sous l'effet de la rancœur.

— Ils ne m'emmènent pas, dit-il. Ils ne me laisseront pas partir avec eux.

Sheffield était assis en face de lui, plongé dans un état de profonde perplexité.

— Plus tard, ils accepteront peut-être de te prendre avec eux.

— Non, riposta Mark, farouche. Jamais ils ne voudront. Ils me haïssent. Et puis, c'est tout de suite que j'ai envie de partir. Je ne suis encore jamais allé sur une autre planète. Il y a tant de choses à voir, à apprendre. Ils n'ont pas le droit de me retenir ici contre ma volonté !

Sheffield secoua la tête. Les mnémoniques avaient tous la conviction profonde qu'il leur fallait *coûte que coûte* recueillir des informations et que nul ne pouvait ou n'avait le droit de les en empêcher. A leur retour, il recommanderait une certaine dose de contre-endoctrinement. Après tout, les mnémoniques devaient être, à l'occasion, capables d'affronter la réalité. Un peu plus à chaque génération, au fur et à mesure que s'accroîtrait leur rôle à l'intérieur de la Galaxie. Il lança un ballon d'essai.

— Cela peut être dangereux, y as-tu songé ?

— Je m'en fiche. Il faut que je sache à quoi m'en tenir sur cette planète. Docteur Sheffield, allez trouver le Dr Cimon et dites-lui que je les accompagne.

— Allons, Mark.

— Si vous n'y allez pas, j'irai, moi. (Et comme pour donner plus de force à ses paroles, il redressa son corps frêle.)

— Mark, tu es en train de te monter la tête.

Mark serra les poings.

— Ce n'est pas juste, docteur Sheffield. J'ai trouvé cette planète. Elle est à *moi !*

Sheffield ressentit de plein fouet les assauts de la mauvaise conscience. D'une certaine façon, Mark disait vrai. Nul mieux que Sheffield ne le savait, et nul mieux que Mark ne connaissait la véritable histoire de Junior.

C'était seulement au cours de ces vingt dernières années que, menacée par la surpopulation des anciennes planètes et par le recul des frontières galactiques de ces mêmes mondes usés, la Confédération avait entrepris l'exploration systématique de la Galaxie. Avant, l'expansion de l'humanité s'effectuait un peu au petit bonheur. Hommes et femmes en quête de nouvelles terres et d'une vie meilleure en étaient réduits à prêter oreille aux rumeurs selon lesquelles il existait, là-bas, une planète habitable, ou dépêchaient dans l'espace des expéditions d'amateurs dans l'espoir qu'elles trouveraient un havre prometteur.

Un siècle auparavant, une de ces expéditions avait découvert Junior. Les hommes se gardèrent bien de faire un rapport officiel, de peur de mettre en mouvement la horde des spéculateurs, promoteurs, exploitants de tout poil, suivis du branle-bas général. Au cours des mois suivants, un certain nombre de célibataires déjà sur place s'étaient arrangés pour faire venir des femmes, de sorte que la colonie avait dû se développer, au moins au début.

Un an plus tard, comme la plupart d'entre eux étaient morts et que les survivants, malades, agonisaient, ceux-ci adressèrent à Pretoria, la planète la plus proche, un appel de détresse. Or, le gouvernement pretorien, qui traversait une crise grave, transmis le SOS au gouvernement régional d'Altmark. Après quoi, Pretoria se sentit en droit d'oublier l'affaire.

Par réflexe, le gouvernement d'Altmark expédia sur Junior un vaisseau médical. Le vaisseau largua de l'antisérum et autres médicaments, sans toutefois se poser, le médecin de bord ayant établi, à distance, un diagnostic rassurant : simple épidémie de grippe. D'après son rapport, les médicaments auraient vite fait de redresser la situation. Il était parfaitement vraisemblable que l'équipage du vaisseau, redoutant d'être contaminé, ait refusé d'atterrir, mais rien, dans le rapport officiel, ne pouvait le laisser supposer.

Trois mois plus tard, un ultime message en provenance de Junior annonçait qu'il ne restait en tout et pour tout que dix survivants, tous moribonds. Ils suppliaient qu'on leur portât secours. Le message, ainsi que le précédent rapport médical, furent transférés directement à la Terre. Mais le gouvernement central constituait un véritable labyrinthe au milieu duquel les rapports s'égaraient régulièrement, à moins que quelqu'un de bien placé ne leur trouvât assez d'intérêt pour les arracher à l'oubli. Or, personne n'éprouvait le moindre intérêt pour une planète lointaine et inconnue sur laquelle dix hommes et femmes étaient en train d'agoniser.

Le dossier fut classé — enterré — et pendant un siècle, aucun être humain ne posa le pied sur Junior. Puis, avec la nouvelle vague d'exploration tous azimuts, des centaines de vaisseaux se mirent à sillonner le vide sidéral, fouillant ici et là. Les rapports commencèrent à affluer, au compte-gouttes, tout d'abord, puis ce fut un véritable raz de marée.

Certains émanaient de Hidosheki Mikoyama qui, par deux fois, avait traversé l'amas d'Hercule, et s'était écrasé la seconde fois, tandis que son filet de voix déchirant transmettait par le subether : « La surface s'approche à toute allure ; les parois du vaisseau rougissent sous l'effet de la friction et... »

Et plus rien. Ç'avait été son dernier message.

L'année précédente, la masse des rapports dont aucune compétence humaine n'était plus en mesure de venir à bout, fut transmise à l'ordinateur de Washington, déjà débordé, avec un indice de priorité si élevé que le délai d'attente n'excéda pas cinq mois. Les opérateurs vérifièrent les données d'habitabilité planétaire et c'est ainsi que le dénommé Abou ben Junior les battit tous de vitesse.

Sheffield se souvenait encore du formidable hourra qui accueillit la nouvelle. Dans l'euphorie, le système fut étendu à toute la Galaxie et le nom de Junior surgit du cerveau d'un jeune et brillant fonctionnaire du Bureau des Provinces Extérieures qui éprouvait le besoin de tisser des liens de complicité entre l'homme et l'Univers. On exalta les avantages de Junior. Sa fertilité. Son climat. (« D'un bout à l'autre de l'année, le printemps de la Nouvelle-Angleterre. ») Et son avenir, surtout, qui fit l'objet d'une campagne frénétique. (« Pendant un million d'années, Junior va s'enrichir. Tandis que les autres planètes vieilliront, Junior, elle, rajeunira au fur et à mesure que se retireront les glaciers et que seront dégagées de nouvelles terres. Une frontière toujours nouvelle, et toujours, des ressources encore inutilisées ! »)

Pendant un million d'années.

C'était le chef-d'œuvre du Bureau. Ce départ sur les chapeaux de roues devait être celui d'un gigantesque programme de colonisation placé sous le haut patronnage du gouvernement. L'amorce tant attendue d'une exploitation scientifique de la Galaxie, pour le bonheur de l'humanité.

Mark Annuncio avait mis fin au rêve. Comme tout le monde, il était au courant de la campagne et comme tout le monde, ce projet l'enthousiasmait. Un beau jour, cependant, il s'était souvenu de quelque chose qu'il avait lu en fouinant paresseusement dans les archives du Bureau des Provinces Extérieures. Et ce qu'il avait lu n'était autre qu'un rapport médical concernant une colonie établie sur un système dont la description et la position dans l'espace correspondaient à celles du complexe Lagrange.

Jamais Sheffield n'oublierait le jour où Mark lui avait fait part de sa découverte.

Pas plus qu'il n'oublierait l'expression du secrétaire du Bureau lorsque la nouvelle lui fut annoncée. Sa mâchoire carrée était tombée sur sa poitrine et dans ses yeux était passé quelque chose qui ressemblait à de l'égarement.

Il en allait de la réputation du gouvernement ! Ils étaient sur le point d'expédier sur Junior des millions de colons, à octroyer des terres, à fournir les semences, les machines agricoles, les usines. Pour d'innombrables électeurs, Junior serait un paradis et pour les suivants, encore plus nombreux, un paradis à la puissance deux.

Si, pour une raison ou pour une autre, il s'avérait que Junior était une planète meurtrière, ce serait un suicide politique pour toutes les personnalités gouvernementales impliquées dans le projet. Les têtes qui tomberaient ne seraient pas des moindres et en première ligne figurerait celle du secrétaire du Bureau des Provinces Extérieures.

Après des jours de vérifications et de tergiversations, le secrétaire avait confié à Sheffield :

— On dirait que nous allons être contraints de faire une enquête sur ce qui s'est réellement passé. On trouvera bien le moyen de le glisser ensuite dans notre propagande. Ce serait encore le meilleur moyen d'en neutraliser les effets, vous ne croyez pas ?

— A condition que les faits eux-mêmes ne soient pas trop horribles.

— Mais c'est impossible, non ? Enfin, de quoi peut-il s'agir ? (Il avait l'air pitoyable.)

Sheffield avait haussé les épaules.

— Ecoutez, nous pouvons envoyer sur place un vaisseau de spécialistes, reprit le secrétaire. Tous volontaires et hautement compétents, cela va sans dire. Priorité absolue. Le projet Junior aura des incidences colossales, vous savez. Pendant ce temps, nous mettrons un frein à notre campagne. On tiendra bien jusqu'à leur retour. Dites, ça peut marcher ?

Sheffield n'en était pas certain, mais l'envie subite lui était venue de s'associer à l'expédition et d'emmener Mark avec lui. Il aurait ainsi l'occasion d'étudier le comportement d'un mnémonique « déplacé » et de voir si, grâce à Mark, on parvenait à élucider le mystère.

Car, d'emblée, on considéra qu'il s'agissait d'un mystère. Après tout, on ne succombe pas à une grippe. Et le vaisseau médical ne s'était pas posé ; ils n'avaient pas réellement pu observer ce qui se passait. Une chance que le médecin en question fût mort depuis trente-sept ans : il était passible de la cour martiale.

Si Mark contribuait à la solution du problème,

le Service prendrait un sérieux coup de fouet. Le gouvernement serait bien obligé de lui témoigner sa gratitude.

Mais avec la tournure que prenaient les événements... Sheffield se demanda si Cimon savait de quelle façon le drame des premiers colons avait refait surface. Les autres l'ignoraient, pas de doute. Ce n'était pas quelque chose que le Bureau avait dû ébruiter de gaieté de cœur. Tactiquement, la tentation de se servir de cette histoire pour faire pression sur Cimon pouvait se révéler dangereuse. Si on faisait trop de publicité autour du rôle que Mark avait joué pour réparer sa « criminelle bêtise » (il y avait gros à parier que ces termes seraient ceux de l'opposition), le Bureau prendrait la mouche. Sa vengeance pouvait être aussi redoutable que large sa reconnaissance. Le Service devrait sans doute s'attendre à des mesures de rétorsion.

Malgré tout...

Sheffield se leva. Sa décision était prise.

— D'accord, Mark. Je vais faire en sorte que le groupe ne parte pas sans nous. A présent, ne bouge pas et attends mon retour. Promets-moi de ne prendre aucune initiative.

— Entendu, dit Mark.

Il se rassit sur sa couchette.

★

— Eh bien, docteur Sheffield, de quoi s'agit-il encore ?

Assis derrière son bureau sur lequel films et papiers étaient sagement empilés autour d'un petit intégrateur Macfreed, l'astrophysicien regarda Sheffield franchir le seuil de son domaine.

Nonchalamment, Sheffield casa son postérieur sur le drap de dessus de la couchette dont pas un pli ne venait déranger l'ordonnance. Conscient du coup d'œil ennuyé que Cimon jeta dans cette direction, il n'en fut pas impressionné ; il en conçut même une certaine satisfaction.

— J'ai une objection à formuler concernant la composition du groupe qui doit se rendre sur le site du campement, commença-t-il. Vous avez choisi deux spécialistes de sciences physiques et trois de sciences biologiques, c'est bien ça ?

— C'est bien ça.

— Et sans doute êtes-vous persuadé de tout embrasser, tel un ovospore Danielski au périhélie ?

— Oh, Seigneur ! Et que suggérez-vous ?

— Je voudrais faire partie du groupe.

— Pourquoi ?

— Vous n'avez prévu personne pour prendre en compte les phénomènes d'ordre psychologique.

— Psychologique ! Grand Dieu ! Dr Sheffield, je trouve suffisant de risquer la vie de cinq hommes. Pour tout vous dire, docteur, c'est sur la demande du Bureau des Provinces Extérieures et sans mon avis que vous-même et votre — euh — pupille avez été affectés à cette expédition. En toute franchise, si j'avais été consulté, j'aurais donné un avis défavorable. La fonction de la psychologie dans une enquête de ce type m'échappe complètement. Il est à mon sens regrettable que le Bureau ait souhaité profiter de cette occasion pour tester les mnémoniques. L'accrochage avec Rodriguez était inadmissible. Ce genre de scène ne doit pas se reproduire.

Cimon, décida Sheffield, ignorait tout du rapport qui existait entre Mark et la décision prise par le Bureau d'expédier sur Junior une équipe de spécialistes.

Il redressa le buste, les mains bien calées sur les genoux, les coudes loin du corps, et affecta une raideur glacée.

— Ainsi, docteur Cimon, vous vous demandez quelle peut être la fonction de la psychologie dans cette sorte d'enquête. Et si je vous disais que l'anéantissement de la première colonie pourrait fort bien trouver une explication psychologique élémentaire ?

— Ça me laisserait de glace. Vous autres psychologues pouvez toujours tout expliquer sans jamais rien prouver. (Cimon arrondit sa bouche en cul de poule, comme s'il venait de faire une épigramme dont il tirait fierté.)

— Permettez-moi de souligner un détail, reprit Sheffield sans tenir compte de l'intervention de l'autre. Qu'est-ce qui différencie Junior des quatre-vingt-trois mille autres mondes habitables ?

— Il est encore trop tôt pour pouvoir le dire. Nous manquons d'informations à ce sujet.

— Détrompez-vous, mon cher directeur. Cette information, vous la connaissiez avant même de venir ici. Junior a deux soleils.

— Oui, naturellement. (Cependant, une expression d'agacement assombrit le visage de l'astrophysicien.)

— Des soleils colorés, qui plus est. Colorés. Savez-vous ce que cela implique ? Cela implique qu'un être humain, vous ou moi, debout dans la pleine clarté de ces deux soleils, projettera deux ombres, une bleu-vert, une rouge orangé. La longueur de ces ombres varie selon l'heure. Avez-vous pris la peine de vérifier la répartition des couleurs à l'intérieur de ces ombres ? La — comment l'appelez-vous déjà — la réflexion spectrale ?

— J'imagine qu'elle doit être identique au spectre

des radiations solaires, répondit Cimon avec hauteur. Où voulez-vous en venir ?

— Prenez donc la peine de vérifier. Ne croyez-vous pas que l'air doive absorber certaines longueurs d'onde ? Et la végétation ? Que reste-t-il ? Prenez ensuite le satellite de Junior, Sister. Ces dernières nuits, je l'ai observé. Lui aussi est coloré, et ces couleurs se déplacent.

— Cela tombe sous le sens, bon Dieu ! Il accomplit ses phases avec chaque soleil séparément.

— Vous n'avez pas davantage vérifié ses réflexions spectrales, n'est-ce pas ?

— Si, nous l'avons noté quelque part. Cette information ne présente pas le moindre intérêt pour nous. Et je vois mal en quoi elle pourrait vous être utile.

— Mon cher Cimon, c'est un fait psychologique établi depuis longtemps que le mélange de rouge et de vert peut exercer sur la stabilité mentale un effet désastreux. Nous nous trouvons ici en présence d'un cas où l'image chromopsychique (pour employer un terme technique) inévitable est présente en des circonstances qui peuvent paraître anormales à l'esprit humain. Il est fort possible que la chromopsychose atteigne le niveau fatal en provoquant l'hypertrophie des follicules trinitaires qui entraînerait un effet de catatonie cérébrale.

Cimon semblait atterré.

— Je n'ai jamais entendu parler de tout ça, murmura-t-il.

— Cela ne m'étonne pas, dit Sheffield. (C'était son tour de le prendre de haut.) Vous n'êtes pas psychologue. J'espère que vous ne remettez pas en question mon jugement professionnel ?

— Non, bien sûr. Mais d'après l'ultime message

envoyé par la colonie, le mal dont ils succombaient les uns après les autres ressemblait à une infection des voies respiratoires.

— Exact. Pourtant Rodriguez a résolument écarté cette hypothèse et vous n'avez pas discuté son diagnostic.

— Je n'ai pas affirmé qu'il s'agissait d'une infection des voies respiratoires, j'ai dit que ça y ressemblait. Vos chromomachins, à quel stade interviennent-ils ?

Sheffield secoua la tête.

— Curieux comme les profanes commettent tous la même erreur. Sous prétexte qu'il s'agit d'un effet psychologique, vous refusez de croire que son origine peut être mentale, elle aussi. J'en arrive à l'aspect le plus convaincant de ma théorie : il est prouvé que la première manifestation de la chromopsychose au rouge-vert prend la forme d'une infection respiratoire psychogénique. Je suppose que vous n'êtes pas très au fait des psychogénies ?

— A vrai dire, non. Cela sort de ma spécialité.

— C'est le moins que l'on puisse dire. D'après mes propres estimations, soumise à la pression en oxygène plus forte de ce monde, l'infection respiratoire psychogénique prend des formes plus accentuées. Ainsi, vous avez observé la lune — je veux dire, Sister — pendant ces toutes dernières nuits.

— Certes, j'ai eu l'occasion d'observer Ilion. (Même dans ces circonstances, Cimon se gardait d'oublier le nom officiel du satellite.)

— L'avez-vous observée attentivement, durant de longues périodes d'affilée ?

— Hum... oui. (Cimon commençait à se sentir mal à l'aise.)

— Ah, dit Sheffield. Alors vous avez dû vous en

rendre compte : ces derniers temps, les couleurs de Sister sont devenues particulièrement agressives. Vous n'avez pas pu ne pas ressentir une imperceptible inflammation des muqueuses ni que la gorge vous grattait légèrement. Rien de douloureux, à ce stade. Avez-vous toussé, éternué ? N'éprouvez-vous aucune gêne à avaler ?

— Il me semble que... (Cimon déglutit puis respira profondément. Il tentait l'expérience. Soudain, il sauta sur ses pieds, poings serrés, mâchoires crispées.) Grand Dieu, Sheffield, vous n'aviez pas le droit de garder ça pour vous ! Je le sens ! Que dois-je faire, Sheffield ? Ce n'est pas incurable, au moins ? Enfin, Sheffield ! (Sa voix se fit perçante.) Pourquoi n'avoir rien dit ?

— Parce que, rétorqua calmement Sheffield, il n'y a pas un mot de vrai dans ce que je viens de vous dire. Pas un mot, vous entendez. Ces couleurs sont inoffensives. Asseyez-vous, docteur Cimon, vous commencez à avoir l'air franchement grotesque.

— Vous venez de me dire que c'était un jugement professionnel, balbutia Cimon, rouge jusqu'aux oreilles.

— Un jugement professionnel ! Je vous en prie, Cimon, ces mots n'ont rien de magique. Un homme peut mentir, ou ne pas être compétent, même en ce qui concerne les derniers détails de sa spécialité. Un professionnel peut commettre une erreur parce qu'il ignore tout d'une spécialité voisine. Il peut être certain d'avoir raison et se tromper malgré tout.

» Regardez-vous. Vous connaissez tous les secrets de l'Univers et tout ce que je sais, moi, c'est qu'une étoile scintille et qu'une année-lumière est longue comme ça. Et cependant, vous avalez n'importe quel charabia psychologique qui ferait éclater de rire un étudiant de première année. Ne croyez-vous pas, Cimon, qu'il serait temps d'accorder un peu moins d'importance au jugement professionnel et un peu plus à la coordination de nos recherches ?

Cimon était devenu blanc comme un linge. Ses lèvres tremblaient.

— Vous vous êtes servi de votre statut professionnel comme d'un voile pour me couvrir de ridicule !

— Vous avez tout compris, dit Sheffield.

— Jamais, *jamais !* (Cimon hoqueta et fit une nouvelle tentative.) Jamais je n'ai été témoin d'un comportement aussi lâche et amoral.

— Je tentais de faire ressortir un argument.

— Oh, mais c'est parfaitement clair, parfaitement ! (Cimon se remettait peu à peu. Ses cordes vocales retrouvaient toute leur vigueur.) Vous voulez que j'emmène votre gamin avec nous.

— C'est exact.

— Non, vous entendez ? Non ! C'est irrévocable. C'était déjà non avant que vous ne veniez faire votre numéro. Ça l'est un million de fois plus à présent.

— Pour quelle raison ? Je veux dire, avant ?

— Ce gosse est atteint de psychose. On ne peut pas, sans risque, le laisser en compagnie de gens normaux.

— Je vous saurais gré de ne pas employer le mot « psychose », dit Sheffield, sèchement. Vous n'êtes pas compétent, que je sache. Puisque vous êtes tellement à cheval sur les principes professionnels, souvenez-vous de ne jamais empiéter sur ma spécialité en ma présence. Mark Annuncio est parfaitement sain d'esprit.

— Après cette scène avec Rodriguez ? Cela saute aux yeux, en effet !

— Mark était en droit de poser cette question. D'un point de vue professionnel, justement, il en avait le devoir. Et la grossièreté de Rodriguez était inadmissible.

— Si vous n'y voyez pas d'inconvénient, l'avis de Rodriguez m'importe plus que celui de votre protégé.

— Et pourquoi donc ? Mark en sait beaucoup plus long que lui. Sur cette affaire, il en sait beaucoup plus long que vous ou moi. Que cherchez-vous, au juste ? A présenter un rapport intelligent ou à satisfaire votre vanité ?

— Vos affirmations sur le prétendu savoir d'Annuncio ne m'impressionnent pas. Un perroquet très efficace, je n'en doute pas. Mais pas de cervelle. Il est de mon devoir de veiller à ce qu'il ait accès à toutes les informations, puisque tels sont les ordres du Bureau. On ne m'a pas consulté, mais je m'incline. A l'intérieur de ces limites précises, j'accepte de collaborer. C'est ici, sur le vaisseau, que lui seront transmises les données que nous aurons recueillies là-bas.

— Ce n'est pas suffisant, Cimon. Il doit être sur place. Il peut observer certaines choses qui échappent aux regards de nos éminents spécialistes.

— Probable, reconnut Cimon d'une voix parcheminée. La réponse est toujours non, Sheffield. Aucun argument ne me fera changer d'avis. (Il avait le nez pincé et d'une pâleur extrême.)

— Parce que je me suis moqué de vous ?

— Parce que vous avez violé le principe professionnel le plus fondamental. Aucun homme de devoir n'userait de son savoir pour tourner en dérision l'innocence d'un confrère d'une autre spécialité.

— C'est bien ce que je pensais : parce que je me suis moqué de vous.

Cimon se détourna.

— Sortez, je vous en prie. En dehors du minimum d'échanges professionnels, nous ne nous adresserons plus la parole d'ici à la fin de ce voyage.

— Si je m'en vais, laissa tomber Sheffield, j'en connais qui entendront parler de notre petit entretien.

Cimon redressa la tête, sourcils froncés.

— Vous comptez ébruiter cet incident ? (Un mince sourire joua sur ses lèvres.) Vous ne parviendrez qu'à convaincre les uns et les autres de votre malhonnêteté.

— Oh, je doute qu'ils me prennent très au sérieux. Les psychologues aiment à plaisanter, tout le monde sait cela. D'ailleurs ils seront bien trop occupés à faire des gorges chaudes à votre sujet. Vous voyez ça d'ici — le digne Dr Cimon, terrorisé au point d'en être réduit à demander grâce, parce qu'il s'est laissé avoir par quelques ridicules formules cabalistiques.

— Personne ne vous croira, glapit Cimon.

Sheffield leva la main droite. Entre le pouce et l'index il tenait un petit objet rectangulaire criblé de touches.

— Un magnétophone de poche, dit-il. (Il pressa une touche et la voix de Cimon jaillit brusquement, suffisante, péremptoire, un tantinet affectée : « Eh bien, docteur Sheffield, de quoi s'agit-il ? »)

— Donnez-moi ça ! (Cimon se précipita sur le psychologue.)

Sheffield le retint à bout de bras.

— Pas de violence, Cimon. Il n'y a pas si longtemps, je faisais de la lutte amateur. Ecoutez, je vous propose un marché.

Toute dignité oubliée, Cimon se tortillait pour

tenter de se dégager et d'atteindre le magnéto. Il haletait. Sans cesser de le maintenir à distance, Sheffield reculait pas à pas.

— Laissez-nous venir avec vous, Mark et moi, et toute cette histoire restera entre nous.

Cimon retrouva quelque peu son sang-froid.

— Parfait. Dans ces conditions, donnez-le-moi.

— Une fois que nous serons sur le site du campement, pas avant.

— Vous me demandez, à moi, de *vous* faire confiance ? (Cimon s'était donné beaucoup de mal pour rendre la phrase aussi insultante que possible.)

— Et pourquoi pas ? Faites-moi confiance sur un point, au moins : je n'hésiterai pas à diffuser ce truc si vous manquez à votre parole. Je commencerai par Vernadsky. Ça lui plaira beaucoup. Vous savez à quel point son sens de l'humour peut être corrosif.

— D'accord. Vous et le gosse pouvez venir, murmura Cimon d'une voix presque inaudible. (Puis, avec une soudaine violence, il ajouta :) Mais enfoncez-vous ça dans le crâne, Sheffield, une fois de retour sur Terre, je vous traînerai devant le Grand Conseil de l'A.G.P.S. Et ce n'est pas une parole en l'air. Je vous ferai sauter votre titre !

— Je n'ai rien à redouter de l'Association Galactique pour le Progrès de la Science, répliqua Sheffield en faisant résonner chaque syllabe. Après tout, de quoi pourriez-vous m'accuser ? Avez-vous l'intention de faire écouter cette bande aux membres du Grand Conseil ? Jolie preuve, en vérité. Allons, restons bons amis, voulez-vous ? Vous ne tenez tout de même pas à faire étalage de votre — euh — vulnérabilité devant ce que quatre-vingt-trois mondes comptent de sommités ?

Avec un charmant sourire, il s'éclipsa.

A peine eut-il refermé la porte, cependant, que toute expression de satisfaction déserta son visage. Il avait dû se faire violence pour mener à bien cette comédie. A présent que les dés étaient jetés, il se demandait si le jeu en valait la chandelle. Cimon pouvait être un ennemi redoutable.

★

Non loin du site choisi par l'ancienne colonie sept tentes étaient sorties de terre. Du haut de la petite éminence sur laquelle il était juché, Nevile Fawkes les embrassait toutes d'un seul regard. Sept jours s'étaient écoulés depuis leur arrivée.

Il regarda le ciel. Comme une chape de plomb, les nuages étaient bas et la pluie menaçait. Fawkes aimait ce temps. Lorsque les deux soleils étaient ainsi occultés par les nuages, la lumière devenait d'une blancheur grisâtre. Le monde autour d'eux était presque « normal ».

Il soufflait un vent humide, un peu aigre. Avril dans le Vermont. Fawkes venait de Nouvelle-Angleterre et cette ressemblance le séduisait. Dans quatre ou cinq heures, Lagrange I se coucherait et les nuages se teinteraient de pourpre tandis que le paysage sombrerait dans les ténèbres. A ce moment-là, il comptait bien être de retour au campement.

Une telle fraîcheur, si près de l'Equateur ! Dans mille ans, ce privilège aurait fait long feu. Avec le retrait des glaciers, l'air se réchaufferait et l'eau contenue dans le sol s'évaporerait. Jungles et déserts feraient leur apparition. Le niveau des océans s'élèverait peu à peu, rayant de la surface d'innombrables îles. Les deux principaux fleuves s'élargiraient en une mer intérieure, bouleversant la physionomie de l'unique continent qui se morcellerait peut-être.

Fawkes se demanda si le site du campement serait submergé. Probablement, décida-t-il. Ainsi serait scellé son destin.

Il comprenait parfaitement l'impatience de la Confédération à vouloir résoudre le mystère de cette première colonie. Même s'il ne s'agissait que d'un simple cas d'épidémie, encore fallait-il en fournir la preuve. Autrement, qui accepterait de s'installer ici ? Il n'y avait pas que les astronautes pour redouter la vieille superstition de l'« attrape-nigaud ». Lui-même, par exemple. Tout compte fait sa première visite solitaire sur le site de l'ancienne colonie ne s'était pas si mal passée, bien qu'il eût été soulagé de laisser derrière lui la pluie et les ténèbres. Le retour avait été plus pénible. Il n'était pas facile de dormir en songeant à ces mille cadavres mystérieux qui gisaient non loin de là et que seule séparait de lui la barrière immatérielle du temps.

Avec un détachement tout professionnel, Novee avait creusé une douzaine de tombes afin d'exhumer les restes des anciens colons. (Fawkes n'avait pas eu la force de regarder.) Quelques os en voie d'effritement, avait déclaré Novee, déçu. On ne pouvait rien en tirer. « Il y a tout de même quelque chose de bizarre dans le dépôt osseux », avait-il ajouté.

Pressé de questions, il avait dû reconnaître que ce pouvait être la conséquence d'un siècle d'exposition à la terre humide.

Un fantasme était né de l'imagination de Fawkes, qui le poursuivait même pendant la journée. Insaisissable, invisible, une race de créatures intelligentes et souterraines hantait les ruines du premier campement, un siècle après sa destruction, avec une diabolique persévérance.

Il se représentait une guerre bactériologique silencieuse. Il les imaginait, cultivant leurs germes et leurs spores dans le secret de laboratoires aménagés sous les racines des arbres, guettant la découverte d'une bactérie qui pourrait vivre sur le corps humain. Peut-être même avaient-ils capturé des enfants pour leur servir de cobayes.

Et lorsque leurs recherches avaient abouti, un nuage de spores venimeux avait dérivé en silence au-dessus du campement, éclipsant la lumière.

Fawkes se répétait qu'il s'agissait d'un fantasme, né de toutes ces nuits sans sommeil et qui n'avait d'autre justification que ses crampes d'estomac. Et cependant, seul dans la forêt, il lui était arrivé plus d'une fois de faire volte-face, en proie à l'horrible conviction que des yeux luisants l'observaient dans l'ombre d'un arbre que projetait Lagrange I.

Tout absorbé qu'il fût dans son rêve intérieur, son œil de botaniste ne perdait rien de la végétation. Il s'était délibérément écarté du camp et aventuré dans une nouvelle direction sans toutefois découvrir une espèce qu'il n'eût déjà vue. Sur Junior, les forêts n'étaient ni denses ni enchevêtrées. C'était à peine si elles entravaient la progression. Les petits arbres (bien peu dépassaient dix pieds de haut, mais leurs troncs étaient presque aussi épais que ceux des arbres terrestres de taille moyenne) poussaient très espacés les uns des autres.

Fawkes avait élaboré un schéma rudimentaire pour classer la flore de Junior en ordre taxonomique, conscient, du reste, qu'il contribuait peut-être à l'immortalisation de son propre nom.

Il y avait par exemple l'« arbre baïonnette »

écarlate. Attirées par ses énormes fleurs rouges, des créatures semblables à des insectes construisaient leurs nids à l'intérieur des corolles. Puis (à la suite de quel signal ou obéissant à quelle impulsion, Fawkes ne l'avait pas encore deviné), d'un jour à l'autre, de toutes les fleurs d'un arbre donné surgissait un pistil long de dix pieds environ, d'un blanc étincelant, comme si chaque fleur se trouvait nantie d'une baïonnette. Le lendemain, la fleur avait été fécondée et les pétales se refermaient, sur le pistil, les insectes, tout. L'explorateur Makoyama lui avait donné le nom d'« arbre baïonnette », mais Fawkes n'avait pas hésité à le rebaptiser *Migrania Fawkesii.*

Tous les arbres avaient un trait commun : leur bois était d'une incroyable dureté. Au biochimiste reviendrait la tâche de déterminer le caractère physique de la molécule cellulosique et au biophysicien celle de découvrir comment l'eau pouvait circuler à travers la texture impénétrable du bois. Pour en avoir fait l'expérience, Fawkes savait que les fleurs se « brisaient » lorsqu'on tirait sur un pétale et que les tiges (qui ne se rompaient jamais) ne pouvaient être pliées qu'avec beaucoup de difficulté. Son canif, tout émoussé, n'avait pu pratiquer la moindre égratignure.

Afin de dégager la clairière on se rendait compte que les colons avaient dû déraciner quelques arbres.

Comparées aux forêts de la Terre, celles de Junior n'abritaient qu'une faune réduite. Fawkes n'aurait pu l'affirmer, mais peut-être les animaux avaient-ils été décimés par le climat. Toutes les créatures-insectes avaient deux ailes, petites frondes duveteuses qui frémissaient sans produire le moindre bruit. Aucune de ces bestioles ne semblait sucer le sang.

Une seule fois, une grande créature ailée avait

fait son apparition au-dessus de leur campement. Encore avait-il fallu prendre des instantanés pour découvrir la véritable forme de cet animal car poussé par la curiosité, il était passé et repassé en rase-mottes au-dessus des tentes, beaucoup trop vite pour que l'œil nu ait eu le temps d'en discerner les détails.

Il était pourvu de quatre ailes. Presque nues, les antérieures, qui se terminaient par de puissantes griffes, avaient un aspect membraneux et faisaient office de planeur. Couvertes d'un duvet criniforme, les postérieures battaient à un rythme accéléré.

Rodriguez avait proposé un nom : *Tetrapterus.*

Perdu dans ces réminiscences, Fawkes s'arrêta malgré tout pour examiner une variété d'herbe qu'il n'avait encore jamais remarquée et qui s'étendait sur un périmètre bien délimité et particulièrement dense. Chaque brin se terminait par une fourche à trois branches. Fawkes sortit sa loupe et du bout du doigt effleura une des tiges. Comme toutes les variétés de Junior, celle-ci...

A cet instant précis, il entendit derrière lui un bruissement, sans possibilité d'erreur. L'espace de quelques minutes, il resta immobile, l'oreille aux aguets, mais les battements de son cœur couvraient tous les autres bruits. Puis il fit volte-face. Une mince silhouette plongea derrière un arbre.

Il en eut presque le souffle coupé. D'une main fébrile, il tâtonna à la recherche de son arme. Etait-ce ou non le fruit de son imagination ? Junior était-elle habitée, en fin de compte ?

Dans une demi-inconscience, Fawkes se rendit compte qu'il s'était lui aussi mis à l'abri derrière un arbre. Il ne pouvait en rester là. Pas de doute. Impossible de déclarer aux autres : « J'ai vu un être vivant. Peut-être aurait-il fourni la réponse à toutes nos questions. Seulement voilà, j'ai pris peur et j'ai fichu le camp. »

Il fallait tenter quelque chose.

Juste à côté du tronc derrière lequel s'était dissimulée la créature se trouvait un « arbre-calice » en fleurs, ses grandes corolles blanches et crème orgueilleusement dressées pour recueillir la pluie qui n'allait plus tarder à tomber. Soudain, une fleur se brisa dans un tintement grêle et les éclats demeurés accrochés à la tige piquèrent aussitôt du nez.

Son imagination n'y était pour rien. Quelque chose — quelqu'un — était caché là.

Fawkes prit une profonde inspiration et s'élança à découvert, l'arme brandie, se répétant qu'il ne faudrait pas hésiter à tirer au moindre signal de danger.

— Non ! cria une petite voix. Ne tirez pas, c'est moi ! (De derrière l'arbre surgit une physionomie terrifiée mais incontestablement humaine.)

Mark Annuncio.

Fawkes se figea sur place, les yeux écarquillés.

— Qu'est-ce que vous foutez là ? coassa-t-il.

— Je vous suivais, dit Mark sans détacher son regard de l'arme toujours braquée sur lui.

— Pourquoi ?

— Pour voir ce que vous alliez faire. J'étais curieux de savoir ce que vous pourriez trouver. Je craignais que vous ne me chassiez si je révélais ma présence.

Fawkes prit soudain conscience de l'arme qu'il brandissait et la rangea dans son étui. Il dut s'y reprendre à trois fois.

Les premières gouttes, énormes, se mirent à tomber.

— Gardez cette histoire pour vous, dit-il d'une voix dure en gratifiant Mark d'un regard furibond.

Sans un mot et chacun de son côté, ils prirent le chemin du campement.

★

Un bâtiment central en préfab avait été ajouté aux sept tentes et c'était là, assis autour de la grande table, que se trouvaient réunis les membres du groupe.

Le moment était solennel, s'il manquait un peu d'éclat. Vernadsky, pour avoir fait lui-même sa cuisine lorsqu'il était étudiant, officiait. Il souleva le ragoût fumant du réchaud à petites ondes et demanda avec un entrain forcé : « Des calories, quelqu'un ? »

Les assiettes furent généreusement remplies.

— Ça sent bon, fit observer Novee sans grande conviction.

Du bout de sa fourchette, il leva un morceau de viande à hauteur de ses yeux. Il était rougeâtre, et malgré la cuisson interne, donnait l'impression de n'avoir rien perdu de sa fermeté. Les herbes hachées qui l'entouraient semblaient plus tendres, mais beaucoup moins comestibles.

— Eh bien, dit Vernadsky, allez-y, mangez-le. J'en ai goûté, c'est savoureux.

Il mit un morceau dans sa bouche et se mit à mastiquer. Laborieusement.

— Coriace, mais savoureux.

— On ne s'en remettra pas, murmura Fawkes, lugubre.

— Balivernes ! répliqua Vernadsky. Depuis deux semaines, les rats ne mangent que ça.

— Deux semaines, ce n'est pas très long, murmura Novee.

— Allons, on peut toujours essayer. Une seule bouchée ne nous tuera pas, dit Rodriguez. Dites, c'est *fichtrement* bon !

C'était bon, en effet. En fin de compte, ils le reconnurent à l'unanimité. Jusqu'à présent, il semblait qu'on pouvait non seulement se nourrir sur Junior, mais y satisfaire sa gourmandise. Il était presque impossible de moudre les grains, mais lorsqu'au bout de sa peine on avait obtenu de la farine, on pouvait fabriquer un pain riche en protéines. Quelques miches, sombres et lourdes, étaient disposées sur la table. Pas mauvaises non plus.

Après avoir étudié les différentes variétés d'herbes qui poussaient sur Junior, Fawkes en était arrivé à la conclusion qu'un acre de la surface de la planète, correctement ensemencé et arrosé, pouvait nourrir dix fois plus de bétail qu'un acre terrestre.

Impressionné, Sheffield avait déclaré que Junior pouvait devenir le grenier de centaines de mondes, mais Fawkes avait rabattu ce bel optimisme d'un haussement d'épaules.

— Un attrape-nigaud, oui.

Une semaine auparavant, un vent de panique avait parcouru la petite communauté : rats blancs et hamsters avaient manifesté une soudaine indifférence pour certaines herbes nouvelles que Fawkes venait juste de ramener. Le mélange d'une petite quantité de ces herbes avec leurs rations habituelles avait provoqué la mort des cobayes.

Alors ? Etait-ce la solution?

Pas tout à fait. Quelques heures plus tard, d'une voix calme, Vernadsky était venu rendre son verdict :

— Cuivre, plomb et mercure.

— Comment ? s'écria Cimon.

— Je parle de ces plantes. Elles sont riches en métaux lourds. Sans doute un développement évolutionnaire destiné à les empêcher de finir à la casserole.

— Les premiers colons..., commença Cimon.

— Impossible. Dans leur immense majorité, les plantes sont inoffensives. Celles-ci sont l'exception et aucun être humain n'aurait envie de les manger.

— Comment le savez-vous ?

— Les rats eux-mêmes ont refusé.

— Ce ne sont jamais que des rats.

C'était l'instant qu'attendait Vernadsky. D'une voix tragique, il annonça :

— Vous pouvez saluer un modeste martyr de la science. Moi, j'en ai mangé.

— Qu'est-ce que vous dites ? s'exclama Novee.

— A peine, je vous assure. Ne nous affolons pas. Je suis un martyr timoré. Tout ce que je peux dire, c'est que ce truc est aussi amer que de la strychnine. Normal, non ? Si une planète doit se gorger de plomb pour tenir sa faune à l'écart, qu'est-ce que sa flore y gagnerait de voir les animaux tomber comme des mouches après avoir goûté une plante ? L'amertume a valeur d'avertissement. Avertissement et punition suffisent à décourager les audacieux.

— De toute façon, reprit Novee, les colons n'ont pas succombé à un empoisonnement dû à l'absorption de métaux lourds. Les symptômes ne correspondent pas.

Les symptômes, chacun les connaissait, certains en termes courants, d'autres sous une forme plus sophistiquée. Une respiration de plus en plus pénible et douloureuse. Un point c'est tout.

Fawkes repósa sa fourchette.

— Ecoutez. Imaginons que ce machin contienne une certaine quantité d'alcaloïde qui paralyse les nerfs contrôlant les muscles pulmonaires.

— Même les rats ont des muscles pulmonaires, dit Vernadsky. Et pourtant, tous ont survécu.

— L'action est peut-être cumulative.

— D'accord, d'accord. Chaque fois que vous avez du mal à respirer, remettez-vous aux rations de bord et on verra bien s'il y a une amélioration. Méfiez-vous tout de même des troubles psychosomatiques.

— C'est mon rayon, grommela Sheffield. Ne vous en faites pas.

En bout de table, Mark Annuncio prenait tout son temps. Il pensait à la monographie de Norris Vinograd intitulée « Le goût et l'odorat ». Vinograd avait effectué un classement sur le goût et l'odorat fondé sur différents types d'inhibitions aux enzymes à l'intérieur des centres du goût. Annuncio ne savait pas très bien ce que cela voulait dire, mais il se souvenait des symboles, de leurs valeurs respectives et des définitions descriptives.

Tout en répartissant le goût de ce qu'il ingurgitait en trois sous-classifications, il vint à bout du contenu de son assiette. Et d'avoir tant et tant mastiqué, sa mâchoire était légèrement douloureuse.

★

Le soir tombait. Lagrange I déclinait à l'horizon. Une belle journée s'achevait et Boris Vernadsky se sentait détendu. Il avait effectué des mesures intéressantes et son chandail de couleur éclatante avait subi des changements fascinants au fur et à mesure que se modifiaient les positions des soleils.

Pour l'instant, son ombre s'allongeait, aux deux tiers rouge, le tiers inférieur, là où venait se superposer l'ombre de Lagrange II, plus gris. Il étendit un bras et deux ombres se dessinèrent sur le sol : l'une d'elles, orange, à quelques mètres et l'autre, d'un bleu profond, dans la même direction mais beaucoup plus proche. Avec un peu de temps, il pourrait mettre au point un superbe spectrogramme.

Il était si bien disposé qu'il ne ressentit aucun agacement en apercevant Mark Annuncio qui le suivait à distance. Vernadsky posa son nucléomètre et lui fit signe d'approcher.

— Venez donc par ici !

Annuncio s'avança avec circonspection.

— Hello.

— Vous désirez peut-être un renseignement ?

— Non. Je-je regarde, c'est tout.

— Oh ? Allez-y, regardez. Savez-vous ce que je suis en train de faire ?

Mark secoua la tête, méfiant.

— Ça, c'est un nucléomètre. Vous le plantez dans le sol, comme ceci. Il est équipé d'un générateur à champ magnétique de sorte qu'il peut transpercer n'importe quelle roche. (Tout en parlant, il s'appuyait sur le nucléomètre qui s'enfonça de deux pieds à l'intérieur de la surface caillouteuse.) Pigé ?

Mark avait les yeux brillants et Vernadsky se sentit flatté.

— Les parois de la vrille sont garnies de microscopiques fourneaux atomiques. Chaque fourneau vaporise environ un million de molécules dans la roche environnante et la décompose en atomes. Les atomes sont ensuite classés en fonction de la charge et de la masse nucléaire et les résultats s'inscrivent sur les cadrans que voici. Vous me suivez ?

— Je n'en suis pas sûr, mais c'est bon à savoir.

Avec un sourire, le chimiste ajouta :

— En fin de compte, nous obtenons les données concernant les différents éléments qui composent la croûte. A peu de choses près, on retrouve les mêmes sur toutes les planètes riches en oxygène et en eau.

— A ma connaissance, fit Mark, très sérieux, la planète la plus riche en silicone est Lepta, avec 32,765 pour cent. La Terre n'en a que 24,862.

Le sourire de Vernadsky fondit comme neige au soleil.

— Ne me dites pas que vous avez en tête les chiffres sur *toutes* les planètes ?

— Oh, non. Ce serait impossible. Voyez-vous, toutes n'ont pas été étudiées. Dans leur *Tour d'horizon des Croûtes Planétaires,* Bishoon et Spenglow ne passent en revue que 21 854 planètes. Naturellement, je connais tous ces chiffres par cœur.

De plus en plus démoralisé, Vernadsky poursuivit courageusement :

— Il faut reconnaître que chez Junior, la répartition des éléments est particulièrement équilibrée. Peu d'oxygène. Jusqu'à présent, j'arrive à une moyenne de 42 113. Le silicone ne dépasse pas 22 722. Les métaux lourds sont dix fois plus concentrés que sur Terre. Et il ne peut s'agir d'un phénomène purement local puisque la densité globale de Junior est de cinq pour cent plus élevée que celle de la Terre.

Vernadsky eût été bien en peine d'expliquer pourquoi il racontait tout cela à ce gamin. En partie, sans doute, parce qu'il était toujours agréable de trouver un auditoire attentif. On finit par souffrir de solitude et de frustration lorsqu'on n'a personne de sa spécialité avec qui discuter.

Il continua donc, non sans plaisir, son petit exposé.

— D'un autre côté, les éléments légers sont eux aussi mieux distribués. Contrairement à la Terre, les composants solides de l'océan ne sont pas en majorité du chlorure de sodium. Les océans de Junior contiennent une quantité non négligeable de sels de magnésium. Et considérez ce qu'on appelle les « étranges lueurs » : lithium, beryllium, boron. Tous sont plus légers que le carbone, mais c'est à peine si on en trouve sur Terre et sur les autres planètes, alors qu'ici, ils abondent. Pour les trois, on obtient un total voisin des quatre dixièmes de un pour cent de la croûte contre quatre millièmes pour la Terre.

D'un geste enfantin, Mark lui tira la manche.

— Dites, vous n'auriez pas une liste de chiffres concernant ces différents éléments ? Je pourrais la voir ?

— Mon Dieu, oui. (Vernadsky farfouilla dans sa poche et en tira une feuille de papier pliée.) Ne les publiez pas avant moi, fit-il avec un sourire.

Mark parcourut les chiffres du regard et lui rendit la feuille.

— Comment ? s'exclama Vernadsky, stupéfait. Vous avez fini ?

— Oui, répondit Mark, tout pensif. Ils sont gravés là. (Sur ces mots, sans rien ajouter, il tourna les talons.)

L'horizon engloutit le dernier reflet de Lagrange I. Vernadsky suivit du regard la frêle silhouette qui s'éloignait et haussa les épaules. Il arracha son nucléomètre du sol et, à son tour, prit le chemin du campement.

★

Sheffield, pour sa part, éprouvait une satisfaction

mitigée. Mark s'en sortait mieux que prévu. Certes, il parlait peu, mais ce silence quasi total n'avait rien d'alarmant. Du moins manifestait-il de l'intérêt pour ce qui se passait. Il ne boudait ni n'envoyait de pellicules dans la soupe de ses voisins.

Vernadsky avait même confié à Sheffield que la veille au soir, lui et Mark avaient eu un entretien cordial au sujet des analyses de la croûte planétaire. Mark, avait ajouté Vernadsky en riant, connaissait les chiffres concernant plus de vingt mille planètes et il n'était pas sûr de pouvoir résister au plaisir de les lui faire débiter tous à la file, rien que pour voir le temps que ça lui prendrait.

De son côté, Mark n'avait fait aucune allusion à cette petite conversation. En fait, il avait passé toute la matinée bouclé sous sa tente. Ayant jeté un coup d'œil à l'intérieur, Sheffield l'avait vu assis sur sa couchette, les yeux rivés au sol, et s'était abstenu de se manifester.

Ce dont il avait besoin, pour l'instant, c'était d'une idée géniale, surgie de son propre cerveau. Une idée vraiment géniale.

Jusqu'à présent, ils n'avaient obtenu aucun résultat. Un mois pour rien. Rodriguez se cramponnait à son diagnostic original : pas d'infection. Vernadsky écartait toute hypothèse d'empoisonnement alimentaire. Novee secouait la tête avec véhémence lorsqu'on parlait en sa présence de la possibilité de troubles du métabolisme. « Où sont les preuves ? » répétait-il.

Au point où on en était, les spécialistes étaient formels : la cause de la mort n'était pas physiologique. Et cependant, des hommes, des femmes, des enfants avaient péri. Il devait bien y avoir une explication. Se pouvait-il qu'elle fût d'ordre psychologique ?

Dans le vaisseau, il avait tourné le problème en dérision afin de donner une leçon à Cimon, mais il était plus que temps de s'attaquer sérieusement à la résolution de l'énigme. Les colons avaient-ils été acculés au suicide ? Si oui, pourquoi ? L'humanité avait colonisé des dizaines de milliers de planètes sans que sa stabilité mentale s'en trouvât affectée. C'était bien simple : le pourcentage de suicides ou de troubles psychologiques était plus élevé sur Terre que partout ailleurs dans la Galaxie.

D'autre part, les survivants avaient lancé un appel pressant pour réclamer une assistance médicale. Ils n'avaient donc pas envie de mourir. Alors ? Des affrontements de personnalité ? Quelque chose de particulier à ce groupe ? Oui, mais un désaccord assez profond pour condamner à mort un millier d'individus ? D'ailleurs, quel témoignage pouvait-il espérer découvrir ? Le site avait été fouillé de fond en comble dans l'espoir de dénicher films ou enregistrements. Le plus petit indice. En vain. Après un siècle d'humidité, il ne fallait pas compter retrouver quelque chose d'aussi fragile que des documents décisifs.

Il en était donc réduit à travailler dans le vide. Il se sentait démuni. Les autres, au moins, avaient des données à se mettre sous la dent. Lui n'avait rien.

Il se retrouva devant la tente de Mark et, obéissant à un réflexe machinal, passa la tête à l'intérieur. Vide. Il jeta un coup d'œil alentour et aperçut le jeune homme qui sortait du campement pour s'enfoncer dans la forêt.

— Mark ! cria-t-il. Attends-moi !

Mark se figea, puis fit mine de continuer, se ravisa et attendit que Sheffield l'ait rejoint en quelques foulées de ses longues jambes.

— Où vas-tu ? (Même après avoir piqué un sprint, on n'éprouvait pas le besoin de haleter dans l'atmosphère plus dense de Junior.)

— Voir le cabotier. (Mark gardait les yeux baissés.)

— Oh ?

— Je n'ai encore jamais eu l'occasion de l'examiner.

— Comment donc ? Bien sûr que tu l'as déjà examiné. On aurait dit un vautour guettant sa proie de la façon dont tu observais Fawkes pendant le voyage d'aller.

Mark se renfrogna.

— Il y avait trop de monde autour de moi. Je voudrais pouvoir le regarder tout à mon aise.

Sheffield se sentit vaguement inquiet. Le gosse était en colère et tout ce qu'il lui restait à faire, c'était de le suivre pour tâcher de comprendre ce qui clochait.

— Tout compte fait, dit-il, il ne serait pas inutile que j'aille y jeter un coup d'œil moi-même. Ça ne te gêne pas que je t'accompagne ?

Mark hésita.

— Euh — si vous y tenez, murmura-t-il avec une réticence manifeste. (Ça n'avait rien d'une invitation empressée.)

— Qu'est-ce que c'est ? demanda alors Sheffield.

— Ça ? Des branches. Je les ai sciées avec le laser. Je préfère les emporter, au cas où on voudrait m'arrêter. (S'en servant comme d'un fouet, il les fit claquer dans l'air épais.)

— Pourquoi voudrait-on t'arrêter ? A ta place, je les jetterais. C'est dur et lourd. Tu pourrais blesser quelqu'un.

Mark avança à grandes enjambées.

— Pas question.

Sheffield réfléchit un instant. Le moment était mal choisi pour provoquer un accrochage. Mieux valait découvrir ce que cachait cette hostilité.

— Très bien, dit-il.

Le cabotier se trouvait au milieu d'une clairière ; ses parois de métal luisant réfléchissaient de pâles lueurs. (Lagrange II ne s'était pas encore levé.)

Mark, l'air méfiant, jeta un coup d'œil circulaire.

— Il n'y a personne en vue, Mark, fit observer Sheffield.

Ils grimpèrent à bord. Pour un cabotier, l'appareil était de grande taille. Trois voyages lui avaient suffi pour transporter sept hommes et le matériel indispensable, sans compter les provisions.

Avec une expression proche du respect, Sheffield considéra le tableau de bord.

— Quand je pense que Fawkes, un botaniste, sait se servir de cet engin. Ça n'a rien à voir avec sa spécialité.

— Moi aussi, je sais, dit Mark, de but en blanc.

Sheffield le dévisagea, les yeux ronds.

— Toi ?

— J'ai bien observé le Dr Fawkes. J'ai retenu chacun de ses gestes. Et puis, il a un manuel de réparation. Je l'ai fauché en douce pour le lire.

— Formidable, dit Sheffield en s'efforçant, non sans mal, de prendre un ton léger. De cette façon, nous aurons un pilote de rechange en cas de coup dur.

Il se détourna, de sorte qu'il ne vit jamais la branche au moment où elle basculait sur son crâne ni n'entendit Mark murmurer d'une voix navrée :

— Pardonnez-moi, docteur Sheffield.

Il ne sentit même pas, à proprement parler, le choc qui l'envoya dans les pommes.

★

Plus tard, Sheffield devait s'en rendre compte, ce fut la secousse signalant l'atterrissage du cabotier qui lui fit reprendre conscience. Sur le moment, il n'éprouva qu'une vague douleur sans signification particulière.

La voix de Mark, ou plutôt le son de sa voix qui flottait vers lui : telle fut sa première sensation consciente. Ensuite, il tenta de rouler sur lui-même et de plier un genou sous sa poitrine. Le sang battait à ses tempes.

L'espace d'un moment, la voix de Mark se réduisit à une série de borborygmes dépourvus de sens. Peu à peu, ils prirent la forme de mots. Plus tard, lorsque ses paupières se soulevèrent et que la lumière vint cruellement frapper sa pupille, de sorte qu'il dut aussitôt refermer les yeux, les mots formèrent des phrases. Sheffield resta où il était, la tête ballante, tout son poids reposant sur un genou flageolant.

— ... et mille personnes sont mortes, clamait Mark d'une voix aiguë. Des tombes, parfaitement. Et nul ne sait pourquoi.

Il y eut un ronflement non identifiable. Une voix profonde et rauque.

Puis Mark reprit.

— C'est la vérité ! Tous ces savants, pourquoi les a-t-on amenés ici, à votre avis ?

Avec peine, Sheffield parvint à se hisser sur ses pieds. Il s'adossa contre la paroi. Il porta une main à sa tête et lorsqu'il la regarda, il vit qu'elle était poissée de sang. Ses cheveux en étaient tout collés. Geignant, vacillant, il se dirigea vers la porte de la cabine. Ses doigts tâtonnèrent pour trouver la poignée. Il l'attira à lui.

On avait abaissé la rampe d'accès et pendant quelques minutes, terrifié à l'idée de se confier à ses jambes, il ne bougea plus.

Le monde lui parvenait par paliers successifs. Les deux soleils étaient hauts dans le ciel et à une centaine de mètres, le cylindre métallique du *Triple G.* dressait son nez bien au-dessus des arbres rabougris. Mark était debout au pied de la rampe. Autour de lui, les hommes d'équipage formaient un demi-cercle. Ils étaient nus jusqu'à la ceinture et brunis à force d'avoir été exposés aux ultra-violets de Lagrange I. (Seules la densité de l'atmosphère et la couche supérieure d'ozone empêchaient ces U.V. d'atteindre une trop forte intensité.)

Celui qui se trouvait juste en face de Mark s'appuyait sur une batte de base-ball. Un autre s'amusait à lancer la balle. La plupart portaient des gants.

Marrant, songea Sheffield d'une façon inattendue, le gosse est tombé au beau milieu d'une partie.

Mark leva les yeux et s'aperçut de sa présence.

— Très bien, demandez-lui, cria-t-il, tout excité. Allez-y, qu'est-ce que vous attendez ? Docteur Sheffield, n'est-il pas vrai que des colons sont venus s'installer ici, il y a longtemps, et que tous ont succombé à une mort mystérieuse ?

« Mark, qu'est-ce que tu essayes de faire ? » C'était la question que Sheffield eût aimé poser. Mais lorsqu'il ouvrit la bouche, il n'en sortit qu'une plainte inarticulée.

— Alors, monsieur, c'est vrai ce que raconte

ce zigoto ? demanda le type qui tenait la batte.

Sheffield se cramponnait à la rampe de ses deux mains trempées. Le visage de l'homme sembla se dissoudre. Il avait des lèvres épaisses et de petits yeux planqués sous d'énormes sourcils. Il se dissolvait à toute vitesse.

Soudain, la rampe monta à la rencontre de Sheffield et se mit à tournoyer. Il empoigna la terre à pleines mains et sa pommette lui fit un mal de chien. Ses forces l'abandonnèrent ; à nouveau, il perdit conscience.

★

Son second réveil fut moins douloureux. Cette fois-ci, il se trouvait au lit et, dans un brouillard, il vit deux visages se pencher au-dessus de lui. Un objet long et mince traversa son champ de vision et, couvrant le bourdonnement de ses oreilles, une voix annonça :

— Je crois qu'il revient à lui, Cimon.

Sheffield ferma les yeux. Il avait le crâne bandé, de cela au moins, il se rendait compte.

L'espace d'une minute, il demeura prostré, aspirant de longues bouffées d'air. Lorsqu'à nouveau il souleva ses paupières, les visages avaient cessé d'être flous. Il reconnut la physionomie épanouie de Novee qu'un pli soucieux barrait entre les sourcils. « Hello, Novee », murmura Sheffield. Le visage de Novee s'éclaircit.

Cimon était à côté de lui, mâchoires rageusement serrées, avec, tout au fond de son regard, quelque chose qui ressemblait à de la satisfaction.

— Où sommes-nous ? demanda Sheffield.

— Dans l'espace, docteur Sheffield, dit Cimon,

froidement. Depuis deux jours, nous sommes dans l'espace.

— Deux jours... (Sheffield écarquilla les yeux.)

Novee intervint.

— Vous avez reçu un sérieux choc, mon vieux. La fracture a été évitée de peu. Du calme, surtout.

— Mais que s'est-il ... Où est Mark ? *Où est Mark ?*

— Du calme, allons. (Posant ses mains sur les épaules de Sheffield, Novee le contraignit à s'étendre.)

— Il est aux arrêts, dit Cimon. Au cas où vous voudriez savoir pourquoi, je vous signale qu'il a de sang-froid provoqué une mutinerie et ce faisant mis en danger la vie de cinq hommes. Il s'en est fallu de peu que nous ne fussions abandonnés au campement : l'équipage, en effet, voulait déguerpir sur-le-champ. C'est lui, le Capitaine, qui est parvenu à les convaincre de passer nous prendre.

Peu à peu, les souvenirs affluaient à la mémoire de Sheffield. Mark, Mark et un type qui tenait une batte de base-ball. Mark en train de s'époumoner, « ... mille personnes sont mortes... »

Le psychologue rassembla toutes ses forces et parvint à se hisser sur un coude.

— Ecoutez, Cimon, j'ignore ce qui a poussé Mark à se comporter de la sorte, mais j'aimerais lui parler. Je saurai lui arracher la vérité.

— Inutile, dit Cimon. Le tribunal y pourvoira.

Sheffield tenta d'écarter les bras de Novee.

— Pourquoi tant de solennité ? Pourquoi mettre le Bureau dans le coup ? Ne pourrions-nous régler cette affaire entre nous ?

— C'est bien notre intention. En vertu du règlement en vigueur dans l'espace, le Capitaine est habilité à présider des procès pour crimes et délits.

— Le Capitaine ? Un procès, ici ? A bord du vaisseau ? Cimon, ne le laissez pas faire ! Ce serait un meurtre pur et simple.

— Pas du tout. Ce sera un procès en bonne et due forme. Je suis en accord complet avec le Capitaine. Le manquement à la discipline exige un châtiment exemplaire.

— A mon avis, Cimon, commença Novee d'une voix hésitante, vous ne devriez pas. Il n'est pas en état de supporter cette épreuve.

— Tant pis, dit Cimon.

— Mais vous ne comprenez pas, s'entêta Sheffield, le gamin est sous ma responsabilité !

— Au contraire. Nous comprenons fort bien ! C'est pourquoi nous avons attendu que vous repreniez conscience. Vous serez jugé en même temps que lui.

— Comment !

— Vous êtes responsable de ses faits et gestes. De plus, vous étiez avec lui lorsqu'il a dérobé le cabotier. Les membres d'équipage témoignent qu'ils vous ont vu debout à la porte de la cabine lorsqu'il les incitait à la mutinerie.

— Mais il m'a assommé afin de pouvoir se mettre aux commandes du cabotier ! Ne voyez-vous pas qu'il n'avait plus toute sa raison ? Il ne peut être tenu responsable de ses actes.

— Ce sera au Capitaine d'en décider, Sheffield. Novee, ne le quittez pas. (Cimon se détourna et marcha vers la porte.)

Sheffield fit appel à toute son énergie.

— Cimon, cria-t-il, vous ne cherchez qu'à vous venger de la leçon de psychologie que je vous ai administrée ! Vous n'êtes qu'un pitoyable...

Hors d'haleine, il retomba sur son oreiller.

— Au fait, lança Cimon depuis le seuil, à bord d'un vaisseau, le châtiment prévu pour incitation à la mutinerie est la peine de mort.

★

Dans une certaine mesure, songeait Sheffield, la mine sombre, on pouvait appeler ça un tribunal. Bien sûr, nul ne suivait de procédure légale à proprement parler, mais qui, dans l'assistance, connaissait la procédure légale ? Le Capitaine, moins que tout autre, sans doute.

La grande salle de détente où d'ordinaire l'équipage se rassemblait pour regarder les programmes subéthériques avait été convertie en salle d'audience. Pour la circonstance, cependant, l'équipage s'en était vu interdire l'accès. En revanche, le personnel scientifique au grand complet assistait au procès.

Le capitaine Follenbee trônait derrière un bureau placé juste en dessous du cube de réception subéthérique. Sheffield et Mark Annuncio étaient assis à sa gauche, de face par rapport à lui.

Le Capitaine ne semblait pas très à son aise. Tantôt il se laissait aller à des échanges parfaitement « irréguliers » avec les différents témoins et tantôt, retrouvant toute sa superbe judiciaire, il tempêtait contre les spectateurs assez audacieux pour murmurer.

Mark et Sheffield, qui s'étaient rencontrés pour la première fois depuis le cabotier en pénétrant dans cette salle, avaient échangé une solennelle poignée de main. Apercevant les bandes de sparadrap qui ornaient toujours l'espace dénudé du crâne de Sheffield, Mark n'avait pu réprimer un mouvement de recul.

— Je suis navré, docteur Sheffield, croyez-le bien.

— Ça va mieux, Mark. Est-ce qu'ils t'ont bien traité ?

— Oh, je ne peux pas me plaindre.

— Il est interdit aux accusés de parler entre eux ! tonna le Capitaine.

— Ecoutez, Capitaine, riposta Sheffield sur le ton de la conversation, nous n'avons pas d'avocats. Nous n'avons même pas eu le temps de préparer notre dossier.

— Vous n'avez nul besoin d'un avocat. Ceci n'est pas un procès, mais une simple instruction menée par le Capitaine. Rien à voir. Ce sont les faits qui comptent, et non les effets de manche. Le dossier pourra être rouvert lorsque nous serons de retour sur Terre.

— A ce moment-là, nous serons peut-être morts ! s'écria Sheffield avec fougue.

— L'audience est ouverte ! déclara le Capitaine en assenant son marteau sur le bureau.

Cimon était assis au premier rang des spectateurs. Un mince sourire étirait ses lèvres. C'était lui dont Sheffield avait le plus de mal à soutenir le regard.

Le sourire ne s'effaça pas tandis que défilaient les différents témoins : oui, le personnel scientifique avait été informé que l'équipage ne devait sous aucun prétexte être mis au courant de la véritable nature de l'expédition ; oui, Annuncio et Sheffield étaient présents lorsque la recommandation avait été faite. Un mycologue apporta même le témoignage d'une conversation qu'il avait eue avec Sheffield, d'où il ressortait clairement que ce dernier était au fait de l'interdiction.

Il fut établi que Mark avait été malade pendant

la plus grande partie du voyage vers Junior, et qu'il s'était comporté d'une manière étrange depuis que le vaisseau s'était posé sur la planète.

— Comment l'expliquez-vous ? demanda le Capitaine sans s'adresser à personne en particulier.

— Il était terrifié, fit la voix calme de Cimon. Il aurait fait n'importe quoi pour quitter cette planète.

Sheffield sauta sur ses pieds.

— Cette remarque est tout à fait déplacée ! Il ne s'agit pas d'un témoin.

Le marteau résonna contre la table.

— Assis ! beugla le Capitaine.

Le procès se poursuivit. Un membre d'équipage vint témoigner que Mark leur avait révélé le sort de la première expédition. Pendant ce temps, ajouta-t-il, Sheffield était demeuré planté au sommet de l'échelle.

— J'exige un contre-interrogatoire ! s'écria Sheffield.

— Plus tard, dit le Capitaine.

Exit le témoin.

Sheffield examina la salle avec attention. Tous, cela sautait aux yeux, n'étaient pas favorables au Capitaine. Il était assez fin psychologue pour se rendre compte que, même à présent, un certain nombre d'entre eux n'étaient pas mécontents, au fond, d'avoir quitté Junior et savaient gré à Mark d'avoir ainsi précipité les choses. D'autre part, l'irrégularité flagrante de ce tribunal les gênait. Vernadsky avait les sourcils froncés et Novee foudroyait Cimon du regard.

Cimon lui-même constituait son plus sérieux sujet de crainte. C'était lui, à n'en pas douter, qui avait dû convaincre le Capitaine de se prêter à cette mascarade et lui encore qui demanderait la peine maximum. Sheffield regrettait amèrement d'avoir blessé sa vanité pathologique.

Mais l'attitude de Mark, surtout, lui demeurait incompréhensible. Il ne semblait souffrir ni du mal de l'espace ni d'aucune indisposition que ce fût. Il écoutait tout avec une égale indifférence. Comme si rien ne le concernait vraiment. Comme s'il était en possession de certaines informations auprès desquelles le reste ne comptait pas.

Le Capitaine abattit son marteau.

— Je crois que nous avons fait le tour de l'affaire. La culpabilité est évidente. Terminons-en.

Sheffield se dressa à nouveau.

— Minute ! Quand pourrons-nous parler ?

— Silence !

— C'est *vous* qui allez vous taire. (Sheffield se tourna vers la salle.) Nous n'avons même pas pu présenter notre défense. On nous a même interdit de contre-interroger les témoins. Vous trouvez ça équitable ?

Un murmure parcourut l'assistance, si fort qu'il couvrit presque le bruit du marteau.

— Et qu'avez-vous à dire pour votre défense ? demanda Cimon d'une voix dure.

— Rien, peut-être, répliqua Sheffield sur le même ton, et dans ce cas, qu'avez-vous à perdre en nous écoutant ? A moins que vous ne craigniez d'affronter la force de nos arguments ?

Des voix se détachaient à présent du brouhaha.

— Laissez-le parler, criait-on de toutes parts.

Cimon haussa les épaules.

— Allez-y.

— Que comptez-vous faire ? murmura le Capitaine.

— Office d'avocat, dit Sheffield, et citer Mark comme témoin.

Mark se leva, très calme. Sheffield tourna sa chaise de façon à être face à la salle et lui fit signe de se rasseoir.

Singer le protocole d'un tribunal tel qu'il avait pu l'observer sur le subéther serait malvenu, décida-t-il. A quoi bon lui faire décliner nom, état, etc. Mieux valait en venir sur-le-champ au fond du problème.

— Mark, demanda-t-il, te rendais-tu compte de ce qui risquait d'arriver lorsque tu as révélé à l'équipage la vérité au sujet de la première expédition ?

— Oui, docteur Sheffield.

— Alors, pourquoi l'as-tu fait ?

— Parce qu'il était indispensable que nous quittions Junior dans les plus brefs délais. Dire la vérité aux membres de l'équipage était encore la manière la plus sûre et la plus rapide de nous arracher de là.

Sheffield était conscient de l'impression désastreuse que cette réponse produisait sur l'assistance, mais il n'avait d'autre ressource que celle de suivre son instinct. Son instinct et la certitude professionnelle que seule une information de la plus haute importance permettait à un mnémonique de faire si bon visage en face de l'adversité. Mark *savait* quelque chose. Après tout, c'était son travail. Sheffield poursuivit donc son interrogatoire.

— Pourquoi était-il si urgent de quitter Junior, Mark ?

Mark tint bon. Sans flancher, son regard effleura tour à tour les visages empreints de curiosité des savants.

— Parce que je sais ce qui a tué la première expédition. Et nous-mêmes n'avions plus que très peu de temps avant de succomber à notre tour. Peut-être est-il déjà trop tard. Peut-être sommes-nous déjà tous des morts en sursis.

Sheffield attendit que le tollé général se fût apaisé. Le Capitaine lui-même en oubliait d'assener son marteau. Le sourire de Cimon ne tenait plus qu'à un fil.

Pour l'instant Sheffield se souciait moins de la révélation sensationnelle de Mark que de la décision qu'il avait prise d'agir de son propre chef. C'était la seconde fois. Se fondant sur sa propre théorie, Mark avait exigé de voir le journal de bord. Sheffield s'en voulait terriblement de ne pas avoir cherché à en savoir plus long à ce moment-là.

La question suivante, posée d'une voix amère, ne pouvait être que :

— Et pourquoi ne pas m'avoir fait part de ta découverte, Mark ?

Mark hésita.

— Vous ne m'auriez pas cru, voilà pourquoi. C'est la raison pour laquelle j'ai été obligé de vous frapper : vous m'auriez empêché d'aller jusqu'au bout. Aucun d'entre eux ne m'aurait cru. De toute façon, ils me haïssent.

— Qu'est-ce qui te fait croire ça ?

— Vous vous souvenez de ce qui s'est passé avec le Dr Rodriguez ?

— Ça remonte à un certain temps. Il n'y a jamais eu d'incident depuis.

— Cette façon qu'a le Dr Cimon de me regarder en dit assez long. Et le Dr Fawkes a voulu m'abattre avec son arme.

— Quoi ? (Oubliant à son tour toute étiquette, Sheffield sauta en l'air.) Qu'est-ce que j'entends, Fawkes ? Vous avez voulu l'abattre ?

Fawkes se leva, rouge comme une pivoine, tandis que tous les regards convergeaient sur lui.

— Je me promenais dans la forêt et il s'est faufilé derrière moi. J'ai tout d'abord cru qu'il s'agissait d'un animal et je me suis méfié. Aussitôt que je me suis rendu compte de qui c'était j'ai rangé l'arme dans son étui.

Sheffield se tourna vers Mark.

— Est-ce la vérité ?

Mark se renfrogna à nouveau.

— Hum — j'ai demandé au Dr Vernadsky de me montrer certaines données qu'il avait relevées et il m'a prié de ne pas les publier avant lui. Bref, il a essayé de me faire passer pour quelqu'un de malhonnête.

— Pour l'amour du ciel, je plaisantais ! cria une voix.

— D'accord, Mark, reprit Sheffield en toute hâte. Tu n'avais pas confiance en nous et tu as préféré agir seul. A présent, venons-en à l'essentiel. A ton avis, qu'est-ce qui a tué les premiers colons ?

— Cela aurait aussi bien pu tuer l'explorateur, Makoyama, mais son vaisseau s'est écrasé deux mois et trois jours après qu'il eut fait son rapport sur Junior et nous n'en saurons jamais rien.

— Bien sûr, mais de quoi s'agit-il ?

Chacun retenait son souffle.

Mark jeta un long regard circulaire.

— De la poussière, dit-il.

Un éclat de rire général salua cette « révélation ». Le jeune homme sentit le rouge de la colère lui monter au front.

— Explique-toi, dit Sheffield.

— La poussière ! La poussière que nous respirions ! Elle contient du beryllium. Demandez donc au Dr Vernadsky.

Vernadsky se leva et se fraya un passage jusqu'au premier rang.

— Qu'est-ce que c'est que cette histoire ?

— Oui, dit Mark. Je l'ai lu dans les notes que vous m'avez montrées. La croûte est très riche en beryllium, alors il doit bien y en avoir dans la poussière !

— Et que signifie la présence du beryllium ? Laissez-moi poser les questions, Vernadsky, je vous en prie.

— Le beryllium est un poison, voilà ce que cela signifie. Si vous respirez de la poussière de beryllium, des trucs appelés granulomes non cicatrisables se forment à l'intérieur de vos poumons. Toujours est-il qu'on a de plus en plus de mal à respirer et qu'on finit par mourir étouffé.

Une nouvelle voix, très émue, se joignit à la mêlée.

— Mais qu'est-ce que vous racontez ? Vous n'êtes pas physicien, que je sache ! (C'était Novee.)

— En effet, riposta Mark. Mais figurez-vous que j'ai jadis lu un livre sur les poisons. Si vieux qu'il était imprimé sur de véritables feuilles de papier. La bibliothèque du Service en possède quelques-uns et je m'y suis intéressé parce que cela représentait une expérience nouvelle.

— D'accord, dit Novee. Mais qu'avez-vous lu ? Pouvez-vous me le répéter ?

Mark redressa le menton avec fierté.

— Je peux faire mieux que ça. Je peux vous offrir une citation. A la virgule près : « Le corps humain est sujet à un nombre surprenant de réactions enzymatiques provoquées par tout ion métallique divalent d'un rayon ionique similaire. Parmi ceux-ci figurent entre autres les ions du magnésium, manganèse, zinc, fer, cobalt et nickel. Par contre, les ions du beryllium, dont la charge et la taille sont similaires, jouent le rôle d'inhibiteur. C'est pourquoi on l'utilise pour interrompre certaines réactions catalytiques à base d'enzymes. Les poumons n'ayant semble-t-il aucun moyen d'excréter le beryllium, il est recommandé de ne pas respirer de la poussière contenant des sels de beryllium sous peine de graves troubles métaboliques pouvant entraîner la mort. Plusieurs cas d'exposition prolongée se sont en effet révélés mortels. Les symptômes se manifestent d'une façon lente et insidieuse, à tel point que trois jours peuvent parfois s'écouler entre l'exposition proprement dite et leur apparition. Le pronostic est très mauvais. »

Manifestement désemparé, le Capitaine se pencha et demanda d'une voix angoissée :

— Que signifie ce charabia, Novee ? Ça tient debout ?

— J'ignore si ce qu'il vient de dire est vrai ou faux, dit Novee, gravement, mais ça n'a rien d'invraisemblable.

— Vous voulez dire que vous ne savez pas si le beryllium est un poison ou pas ? s'écria Sheffield.

— Je l'ignore, en effet. Je n'ai jamais rien lu là-dessus. Aucun cas ne s'est jamais présenté.

— Le beryllium ne sert donc à rien ? Vernadsky, dans quelles circonstances l'utilise-t-on ?

— Jamais ! Mince, j'ai beau me creuser la tête, je n'en vois aucune. Et cependant... lorsque l'énergie atomique en était encore à ses débuts, le beryllium était utilisé dans les piles à uranium comme frein à neutrons. J'en suis presque certain.

— A présent, c'est terminé ? demanda Sheffield.

— Il y a longtemps.

— Bien. Alors, écoutez-moi tous. Toutes les citations de Mark sont rigoureusement exactes. Il vous a dit ce qu'il avait lu dans ce bouquin. Selon moi, le beryllium est effectivement un poison. Dans la vie courante, cela n'a guère d'importance car le sol de la Terre en contient très peu. Lorsque les chercheurs ont commencé à le concentrer pour s'en servir dans la fabrication de piles atomiques, lumières fluorescentes ou même certains alliages, ils se sont aperçus de sa toxicité et lui ont cherché des substituts. Ces substituts trouvés, on a oublié le beryllium, puis on a oublié qu'il était toxique. Et lorsque nous tombons sur une planète particulièrement riche en beryllium, la vérité nous crève les yeux mais nous ne la voyons pas.

Cimon n'écoutait plus.

— Que veulent-ils dire par « le pronostic est mauvais » ? demanda-t-il soudain à mi-voix.

— Ça veut dire que si le poison est déjà en nous, on est cuit, dit Novee avec froideur.

Cimon se laissa aller contre le dossier de sa chaise. Il mordillait sa lèvre inférieure.

Novee déplaça son regard vers Mark.

— J'imagine que les symptômes d'un empoisonnement dû au beryllium...

— Je peux vous en donner la liste complète, dit aussitôt Mark. Pour moi, ces mots sont vides de sens, mais...

— Dyspnée, ça vous dit quelque chose ?

— Oui.

Novee exhala un soupir.

— Ce que nous avons de mieux à faire, c'est de rentrer en vitesse et de nous placer sous observation médicale.

— A quoi bon, murmura Cimon, si nous sommes déjà cuits ?

— La médecine a fait des progrès depuis l'époque où on imprimait encore les livres sur du papier. D'autre part, peut-être n'avons-nous pas reçu la dose toxique. Les premiers colons vivaient encore après un an d'expédition. Grâce à la présence d'esprit et à la rapidité de décision de Mark Annuncio, nous ne sommes restés qu'un mois.

— Pour l'amour du ciel, Capitaine, s'exclama Fawkes, sortez de là et ramenez ce vaisseau sur Terre !

Cimon, le dernier, s'extirpa de son siège. Mais l'homme qui se dirigea vers la porte en traînant la jambe n'était plus que l'ombre de lui-même. Un mort en sursis, selon l'expression de Mark Annuncio.

★

Le Système Lagrange n'était plus qu'une étoile perdue au cœur du lointain amas.

Sheffield gardait les yeux fixés sur ce grand halo de lumière.

— Une si jolie planète, soupira-t-il. Enfin, espérons que nous nous en tirerons. De toute façon, le gouvernement apprendra à se méfier des planètes riches en beryllium. Les « attrape-nigauds » de cette espèce n'attraperont plus grand monde.

Mark ne répondit pas. Le procès était terminé et avec lui s'était éteinte l'exaltation nouvelle qu'il avait suscitée. Les larmes lui vinrent aux yeux. Une seule pensée la hantait : bientôt, peut-être, il serait mort. Et dans ce cas, il y avait de par l'Univers tant et tant de secrets qu'il ne connaîtrait jamais.

TABLE DES MATIERES

870
★★★

Impression Brodard et Taupin à La Flèche (Sarthe)
le 25 novembre 1987
1228-5 Dépôt légal novembre 1987. ISBN 2-277-11870-2
1er dépôt légal dans la collection : septembre 1978
Imprimé en France

Editions J'ai lu
27, rue Cassette, 75006 Paris
diffusion France et étranger : Flammarion